MÚSICA CLAVE B

2n ESO

José Palazón Herrera
Miguel Ángel López Ballester

Autors adaptadors

Ignacio Climent Mateu
Roberto García Gontán
Susanna Pallàs Garrigues

MADRID · BUENOS AIRES · CARACAS · GUATEMALA · LISBOA
MÈXIC · NOVA YORK · PANAMÀ · SAN JUAN · BOGOTÀ · SÃO PAULO
AUCKLAND · HAMBURG · LONDRES · MILÀ · MONT-REAL · NOVA DELHI · PARÍS
SAN FRANCISCO · SYDNEY · SINGAPUR · SAINT LOUIS · TÒQUIO · TORONTO

TAULA DE CONTINGUTS

UNITAT 1

UNITAT 2

COM S'UTILITZA AQUEST LLIBRE

Presentació d'unitat

Ací trobaràs els continguts que tractarem.

A més et recomanem webs, llibres i espectacles.

Desenvolupament de continguts

CURSOS PRÀCTICS

Apliquen el que s'ha après sobre teoria i història musical a la pràctica amb instruments i la veu.

ACTIVITATS

Permeten treballar els continguts a mesura que s'expliquen i asseguren un aprentatge progressiu.

ICONOGRAFIA

Una exposició clara i concisa de la teoria, acompanyada de requadres que ajuden a comprendre els aspectes més importants.

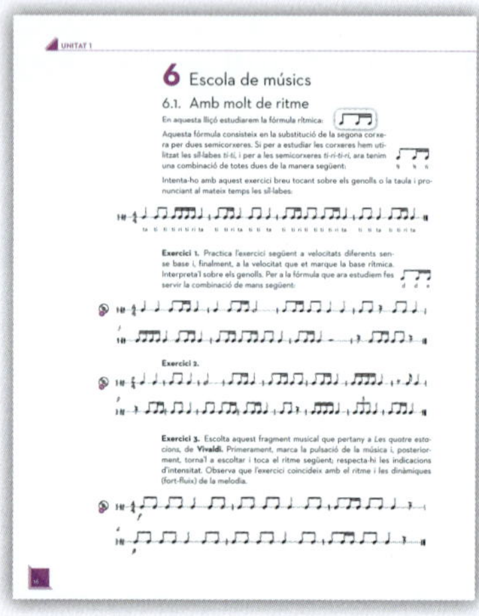

SAPS QUE...

WEB DE RECURSOS

CURIOSITATS

RECORDA

Amplien i reforcen l'execució de processos apresos.

Tancament d'unitat

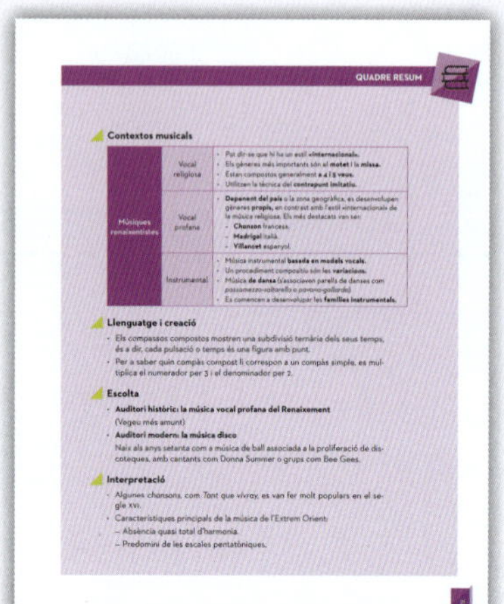

QUADRE RESUM

Recordem els conceptes que has après en la unitat.

ACTIVITATS FINALS

Exercicis de repàs individual i en grup per a comprovar què has après.

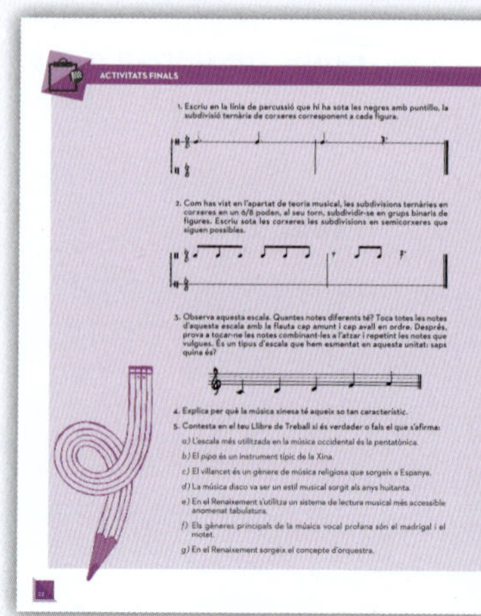

CD d'audicions

S'inclouen dos CD d'àudio que contenen nombroses audicions il·lustratives que serveixen tant per a exemplificar els continguts com perquè els repasses, els practiques i els comprengues.

1 2

Cada CD té un color representatiu que t'ajudarà a localitzar l'audició.

Material complementari

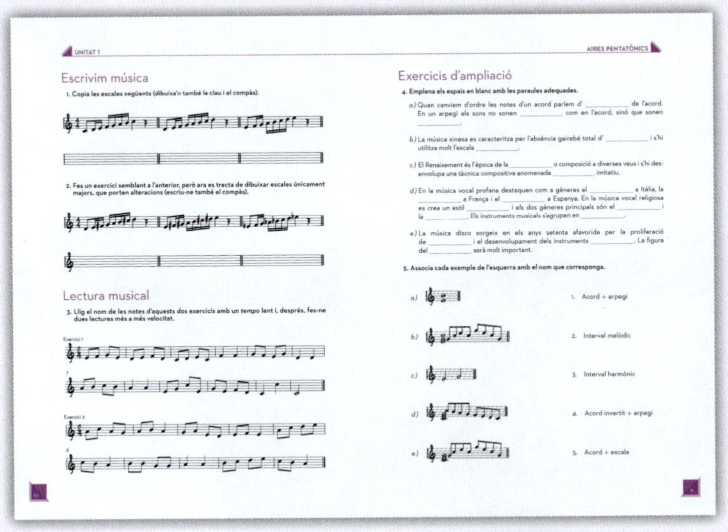
UNITAT 1 — AIRES PENTATÒNICS

Escrivim música

Lectura musical

Exercicis d'ampliació

El material del projecte de **Música Clave B 2n ESO** no és només el llibre de l'alumne. Per ajudar-te en l'estudi hem preparat alguns **materials complementaris.**

LLIBRE DE TREBALL

Hi podràs fer totes les activitats plantejades en el llibre. A més, et permetrà reforçar o aprofundir en els diversos aspectes de la unitat a través d'activitats extres.

Mc Graw Hill Education

Música · Clave B

Recursos per a l'alumne

ESO

Índice de recursos

Documentos

Multimedia

Enlaces web

Créditos

Interpretación

Aprende más sobre la música latinoamericana

Al hablar de música latinoamericana nos vamos a referir a la música compuesta e interpretada en América Central y del Sur (Fig. 3.13), y más específicamente al folclore indígena.

No obstante, los países latinoamericanos se caracterizan por una gran mezcla musical que podemos separar en zonas con diferentes características musicales peculiares basadas en el mestizaje.

Enunciamos aquí estas zonas y sus estilos musicales más representativos: el *son* cubano, el *tango* argentino, la *samba* brasileña y el *calipso* de Trinidad y Tobago en el Caribe (cuya música interpretarás en la Unidad 6).

Características de la música latinoamericana

Para comprender esta música hay que hablar de sus tres influencias principales:

- La música precolombina (anterior a la llegada de los europeos):
  - La música de los pueblos indígenas se caracterizaba por el uso de instrumentos de viento como la flauta de Pan, la quena y la ocarina, e instrumentos de percusión como sonajas y tambores.
  - También usaban la escala pentatónica. Actualmente, el 95 %

WEB DE RECURSOS CEO

Material complementari ideat com a suport a l'estudi. En la web trobaràs partitures extres, articles musicals...

www.mhe.es/secundaria/musica

1 AIRES PENTATÒNICS

Saps per què la música de distintes cultures pot arribar a sonar tan diferent?

Quin tipus de música es feia en el Renaixement?

Què és un compàs compost?

Coneixes cap característica de la música xinesa?

En quina època va nàixer la música de discoteca?

Sumari

Un disc

***Cançoner del duc de Calàbria*, Capella de Ministrers**

Villancicos de diversos autores, a dos, y a tres, y a quatro, y a cinco bozes, agora nuevamente corregidos... (Venècia, 1556) és el nom amb què el *Cançoner del duc de Calàbria* (o *Cançoner d'Uppsala*) es va imprimir. La selecció que conté aquest àlbum està agrupada sota temàtiques populars, pastorils i de Nadal.

Una web

https://goo.gl/8WCwCs

El descobriment dels àngels renaixentistes de la catedral de València

Interessant enllaç sobre el descobriment dels frescos renaixentistes de la catedral de València. En aquest vídeo podem observar el vincle cultural que va existir amb la ciutat de Roma.

Una web

http://www.teoria.com/indice.htm

Web interessant per a treballar el llenguatge musical i l'educació auditiva. En aquesta pàgina podem trobar exercicis interactius de construcció i reconeixement auditiu d'escales, intervals i acords, dictats rítmics i melòdics, etcètera.

1 Músiques renaixentistes

En el Renaixement, la música va experimentar grans canvis, principalment dins del terreny de la música vocal.

Figura 1.1.

Capella de Ministrers és un grup creat el 1987 a València pel seu director, el musicòleg Carles Magraner.

ACTIVITATS

1. Escolta aquesta audició, que pertany a una obra del Renaixement, i observa'n el principi en la partitura inferior.

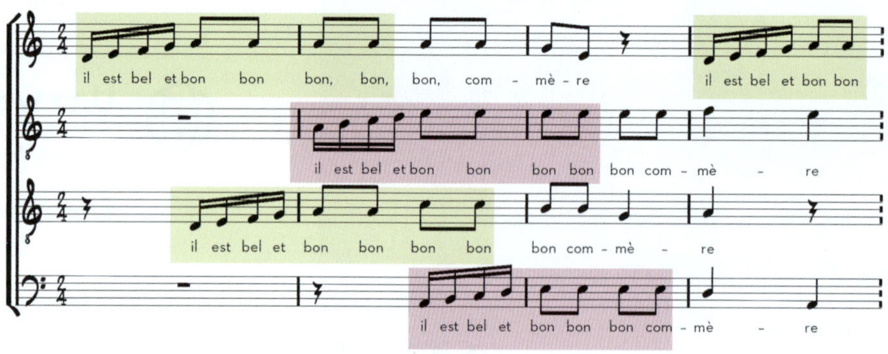

De les opcions següents, assenyala en el teu Llibre de Treball les que cregues que són correctes.

- És una obra a una sola veu (monodia). ☐
- És una obra a diverses veus (polifonia). ☐
- Les veus no s'imiten entre si. ☐
- Algunes veus s'imiten entre si. ☐

El Renaixement és l'època de la polifonia o composició a diverses veus, que s'imposa definitivament sobre la monodia medieval. Aquesta polifonia utilitzarà una tècnica molt comuna en tot aquest període denominada *contrapunt imitatiu*, que fa que les diverses veus que es van movent en la polifonia s'imiten entre si.

Tot això ho has pogut observar en l'obra que acabes d'escoltar. Hi has apreciat l'entrada de quatre veus. Si, a més, et fixes en els compassos que hem senyalat, pots comprovar que les veus s'imiten les unes a les altres.

DVD

Fragment d'una interpretació d'una peça vocal del Renaixement.

WEB DE RECURSOS

En la pàgina web pots trobar informació sobre el context sociocultural del Renaixement.

1.1. Música vocal religiosa: el motet i la missa

La música religiosa adopta un caràcter internacional. Els compositors més rellevants són contractats com a mestres de capella de les catedrals més importants i viatgen contínuament per Europa.

El gènere principal de la música religiosa és el **motet,** una peça a diverses veus (4 o 5 normalment) sobre un text religiós en llatí i de textura predominantment polifònica, que utilitza la tècnica del contrapunt imitatiu.

L'altre gènere musical religiós és la **missa.** La missa es componia posant música a les oracions més rellevants d'aquesta celebració, que són *Kyrie eleison* ('Senyor, tingueu pietat'), *Gloria, Credo, Sanctus* i *Agnus Dei* ('Anyell de Déu').

Alguns compositors destacats van ser: Josquin des Prez, Orlando di Lasso, Giovanni Perluigi da Palestrina, o els espanyols Cristóbal de Morales, Francisco Guerrero i Tomás Luis de Victoria.

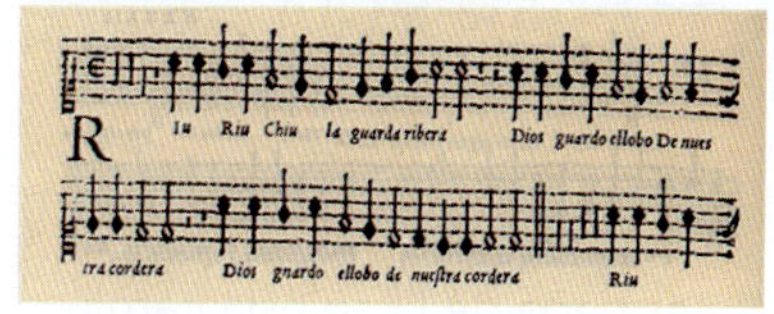

Figura 1.2.

En el Renaixement es van publicar nombrosos cançoners que recopilaven les peces més de moda de la música profana. Partitura del *Cançoner del duc de Calàbria,* conegut també com a *Cançoner d'Uppsala.*

ACTIVITATS

2. Escolta aquest fragment de la missa *Ave Maria Stella,* del gran compositor del Renaixement espanyol Tomás Luis de Victoria (1548-1611), i intenta identificar a quina oració pertany de les que hem anomenat.

1.2. Música vocal profana

Mentre que en la música religiosa es va crear un «estil internacional», en la música profana sorgiran estils propis associats a cada nació o zona geogràfica.

Els dos gèneres musicals que més rellevància van tenir durant el Renaixement van ser el madrigal a Itàlia i la *chanson* a França. Les característiques corresponents són:

Chanson	Textos en francés, senzillesa melòdica al gust del poble, a 4 o 5 veus, temàtica variada (amor, sàtira, etc.).
Madrigal	Textos poètics en italià, a 4 o 5 veus, temàtica amorosa habitualment.

WEB DE RECURSOS

En la web pots escoltar un fragment que pertany a l'obra *Le chant des oiseaux* ('El cant dels ocells'), una *chanson* descriptiva del compositor C. Janequin i un document amb informació sobre la cançó.

ACTIVITATS

3. Escolta els fragments musicals següents i, tenint en compte allò que s'ha explicat més amunt, digues a quin gènere pertany cada un.

Fragment 1: ____________

Fragment 2: ____________

SAPS QUE...

Alexandre VI (Roderic de Borja), nascut a Xàtiva, va ser papa de l'Església catòlica entre els anys 1492 i 1503. La seua relació amb la catedral de València va fer que pintors italians col·laboraren en la restauració de la cúpula de l'altar Major. Després d'uns quants segles ocults, els frescos renaixentistes es van descobrir el 2004.

1.3. Música instrumental

En el Renaixement, la música instrumental estava a l'ombra de la música vocal, ja que servia d'acompanyament a les danses i al cant. Però en el segle XVI la situació va canviar progressivament i hom va començar a escriure una música instrumental autònoma.

Encara que, en un principi, la música instrumental es basarà en els gèneres vocals com el motet o la *chanson*, assumirà noms diferents: *ricercare, canzona*, etc. Caldrà esperar al Barroc perquè la música instrumental siga completament independent de la vocal.

ACTIVITATS

4. En el Renaixement era habitual escriure versions per a instruments de les peces de música vocal que se situaven en «la llista d'èxits». Ara escoltaràs quatre fragments que pertanyen a dues peces vocals i les dues versions instrumentals corresponents. Relaciona cada fragment amb la seua parella i anota-ho en el teu Llibre de Treball:

Fragment núm. 1 amb fragment núm. ...

Fragment núm. ... amb fragment núm. ...

Un altre procediment compositiu important per a la música instrumental van ser les variacions (que a Espanya es van anomenar diferències). Sobre un esquema donat, l'instrumentista anava variant successivament la melodia original.

La música de dansa també va ser molt important en aquest període. Es va adoptar el costum d'emparellar les danses de dues en dues: la primera lenta i la segona ràpida, un fet que va donar lloc a parelles de danses tan conegudes com la *pavana* i la *gallarda*, o el *passamezzo* i el *saltarello*.

Aquest tipus d'associació la pots veure en la peça inclosa en l'apartat *Mou els dits*. També aprendràs a tocar un *passamezzo* en la secció *Concert acústic* d'aquesta unitat.

Figura 1.3.
En el Renaixement va sorgir una gran afició per aprendre a tocar instruments. Això va ser afavorit per l'aparició de nombrosos tractats pràctics.

Desenvolupament de la música instrumental

Alguns factors que van fer possible el desenvolupament de la música instrumental van ser:

- Desenvolupament en la fabricació d'instruments.
- Aparició de tractats teòrics i pràctics de música instrumental, gràcies a la impremta (Figura 1.3).
- Aparició de sistemes de notació que no demanaven grans coneixements musicals *(tabulatures)*.

2 Auditori històric: música vocal profana

En aquest *auditori* coneixeràs una mica millor la música vocal profana del Renaixement. Ja hem comentat que aquesta música va anar desenvolupant estils propis en cada zona geogràfica.

També sabem que a Itàlia es va desenvolupar el madrigal i a França, la *chanson*. Aquesta vegada faràs un viatge musical per dues zones geogràfiques més —Espanya i Anglaterra— i hi descobriràs gèneres nous.

Començarem per Espanya, on es va desenvolupar una forma musical denominada **villancet,** cançó breu d'origen popular característica de la poesia castellana. Els compositors més importants d'aquest gènere van ser **Juan del Encina** i **Juan Vázquez.**

SAPS QUE...

A Espanya hi havia un tipus de música profana que es va denominar ***ensalada.*** Aquest nom tan curiós respon al fet que eren peces que mesclaven fragments musicals de caràcter distint i en idiomes diferents (com ara llatí i castellà). El creador d'aquest gènere va ser Mateu Fletxa el Vell.

ACTIVITATS

5 **5. Escolta un fragment del villancet *Cu-cu,* de Juan del Encina, en la versió feta per dos intèrprets diferents.**

- Pots entendre el text d'aquest villancet? De què tracta?
- Quines diferències observes entre totes dues versions? Quina t'agrada més? Per què?

Observa l'esquema de l'estructura d'aquest villancet:

Tornada «Cu-cu Guarda no lo seas tú» →	Textura polifònica sobre les síl·labes *cu cu*
Cobla «Compañero has de guardar, etc.» →	Textura homofònica

El **villancet** es basava en l'alternança de dues parts denominades *tornada* i *cobla*. I la temàtica solia ser amorosa o picaresca.

A Anglaterra es van fer molt populars unes cançons que contenien parts musicals desenvolupades sobre les síl·labes *fa-la-la;* per això, es van denominar popularment **fales.**

ACTIVITATS

6 **6. Escolta un fragment de *Now is the month of maying* del compositor Thomas Morley:**

- En quina part de la peça la textura passa de ser homofònica a ser polifònica?
- Coincideix la música de la flauta amb el text que es canta?

Figura 1.4.
El músic català Jordi Savall i el seu grup Hespèrion XXI són, actualment, una referència en la música profana espanyola del Renaixement.

3 Interpretem música renaixentista

En aquesta unitat practicaràs la nota *si* bemoll a més d'interpretar una peça que té dos tipus diferents de compàs.

Pasarello

Música: JOSÉ PALAZÓN

Potser et deus preguntar què significa el títol d'aquesta peça, *Pasarello*. De fet, és un joc de paraules derivat d'associar els noms de les danses *passamezzo* i *saltarello*. Com ja has estudiat en aquesta unitat, aquestes danses eren molt comunes en el Renaixement.

En aquest període la dansa tenia un lloc molt important en la vida social. Va començar a fer-se comuna la idea d'agrupar les danses per parelles. Així, van ser habituals les associacions entre *pavana* i *gallarda* i *passamezzo* i *saltarello*, a què es van afegir una mica més tard l'alemanya i la *courante*, de manera que es va configurar un gènere instrumental molt important del Barroc: la *suite de danses*.

Totes aquestes parelles de danses tenien una cosa en comú, i és que la primera dansa acostumava a tenir un *tempo* més lent i estava escrita en compàs binari, mentre que la segona dansa era més ràpida i tenia un compàs ternari.

ACTIVITATS

7. Escolta en el teu CD la base gravada de *Pasarello* i:

- Marca la pulsació fins que aconseguisques adaptar-ne el canvi de 2/4 a 3/4.
- Torna a escoltar la base fent-ne una lectura rítmica.
- Fes ara una lectura ritmicomelòdica de la peça.
- Toca-la amb la flauta seguint les indicacions que et marque el professor/ra.

La peça que interpretaràs tot seguit és una *chanson* que es va fer molt popular en el Renaixement.

DVD

Vídeo amb la interpretació de *Tant que vivray* per alumnes de secundària.

Tant que vivray

(Chanson)

Claudin de Sermisy (1485-1558)

Arranjament i adaptació: José Palazón

9 10

Moderato

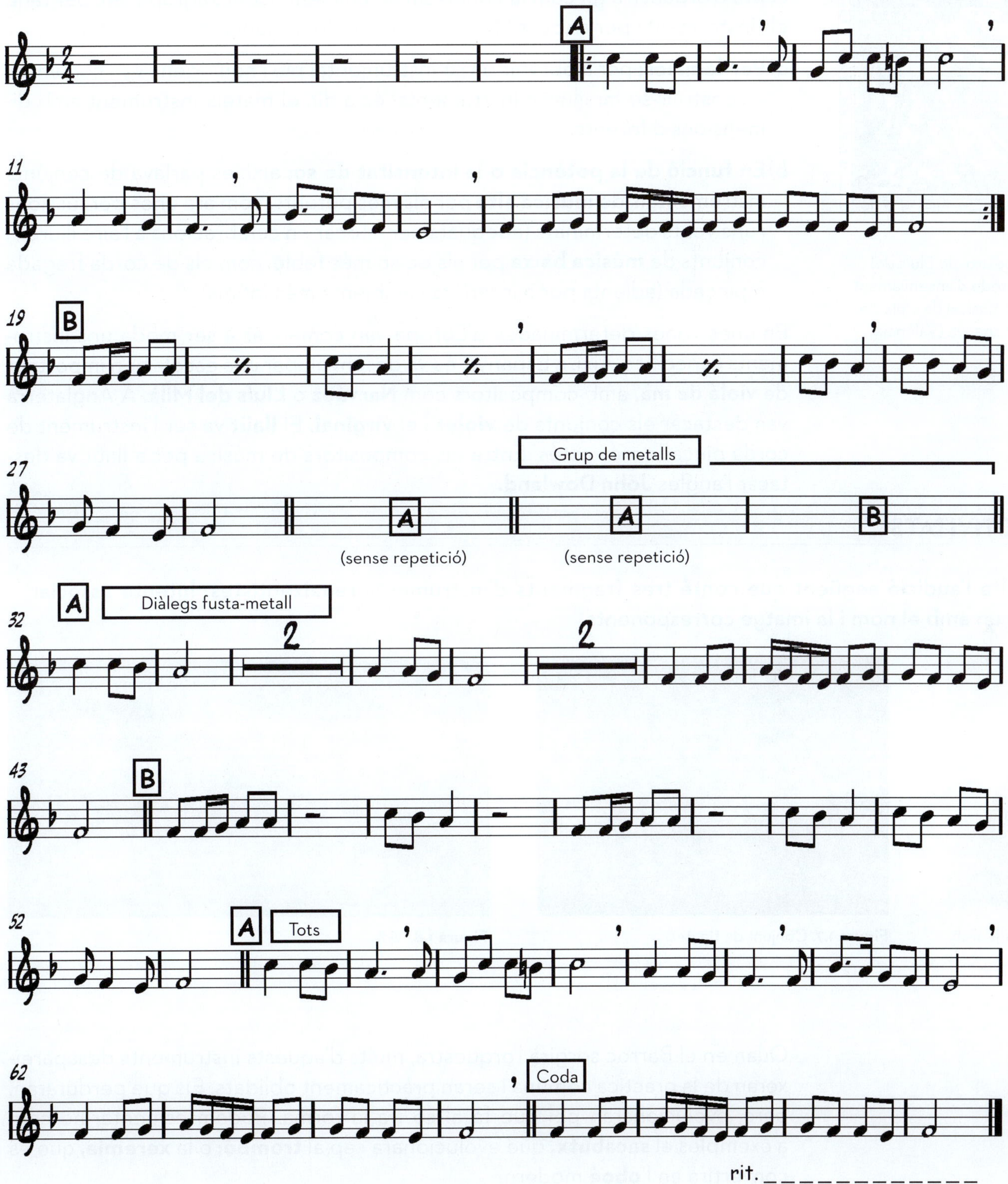

4 El món dels instruments: els instruments renaixentistes

Figura 1.5.
Portada d'*El Maestro*, de Lluís del Milà. Primer mètode d'ensenyament d'un instrument musical (la viola de mà), publicat a Espanya (València, 1536).

La necessitat d'agrupar els instruments per famílies, tal com els coneixes hui en dia, va nàixer en el Renaixement. No obstant això, no hi havia encara el concepte d'orquestra tal com la coneixem actualment. Com s'agrupaven, per tant, els instruments per a tocar? Bàsicament, de dues maneres:

a) **Per famílies;** per a obtenir un so instrumental ple i homogeni, van començar a construir-se famílies d'instruments; és a dir, el mateix instrument amb dimensions diferents.

b) **En funció de la potència o la intensitat de so;** així, es parlava de conjunts instrumentals de **música alta** per als més potents, com ara unes percussions i uns vents determinats (adequats per a tocar en celebracions a l'aire lliure), i conjunts de **música baixa** per als de so més feble, com els de corda fregada o pinçada (adients per a interiors i ambients més íntims).

En unes zones determinades d'Europa van començar a ser moda uns instruments específics. Així, a Espanya, es va desenvolupar una escola ben important de **viola de mà,** amb compositors com **Narváez** o **Lluís del Milà.** A Anglaterra van destacar els conjunts de **violes** i el **virginal.** El **llaüt** va ser l'instrument de corda pinçada més estés. Entre els compositors de música per a llaüt va destacar l'anglés **John Dowland.**

ACTIVITATS

8. Escolta l'audició següent que conté tres fragments d'instruments renaixentistes. Intenta associar cada un amb el nom i la imatge corresponents. (11)

Figura 1.6. Llaüt àrab.

Figura 1.7. Conjunt de flautes.

Figura 1.8. Viola.

Quan en el Barroc sorgirà l'orquestra, molts d'aquests instruments desapareixeran de la pràctica comuna i seran pràcticament oblidats. Els que perduraran, però, evolucionaran pel que fa al so i a la forma. Podem esmentar-ne com a exemples el **sacabutx,** que evolucionarà cap al **trombó;** o la **xeremia,** que es convertirà en l'**oboé** modern.

5 Teoria musical: compassos compostos

Els compassos compostos són els que mostren una subdivisió ternària dels seus temps, és a dir, cada pulsació o temps (sempre una figura amb punt) se subdivideix en 3 parts o corxeres, com pots veure en l'exemple següent.

A més, has de tenir en compte que és molt habitual que cada corxera d'un compàs compost puga subdividir-se al seu torn en 2 semicorxeres.

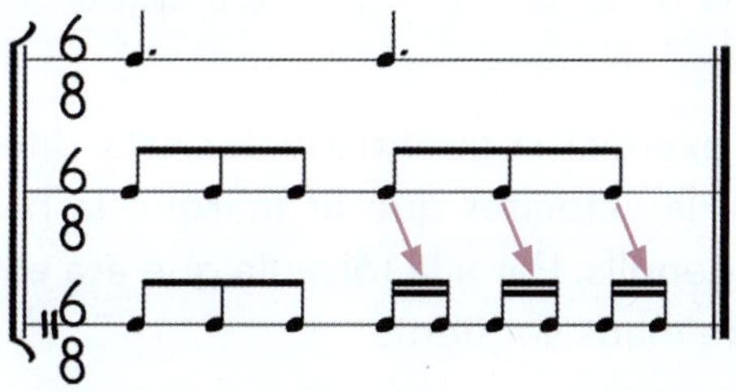

Per a saber com s'obtenen els compassos compostos dels compassos simples que ja coneixes, es multiplica el numerador del compàs per 3 i el denominador, per 2.

$$\frac{2}{4}\begin{matrix}\times 3\\ \times 2\end{matrix} = \frac{6}{8}\;;\quad \frac{3}{4}\begin{matrix}\times 3\\ \times 2\end{matrix} = \frac{9}{8}\;;\quad \frac{4}{4}\begin{matrix}\times 3\\ \times 2\end{matrix} = \frac{12}{8}$$

RECORDA

Els compassos simples (2/4, 3/4 i 4/4) són els que tenen una subdivisió binària dels seus temps o pulsacions, és a dir, cada temps (sempre una figura sense punt) pot subdividir-se en dues corxeres:

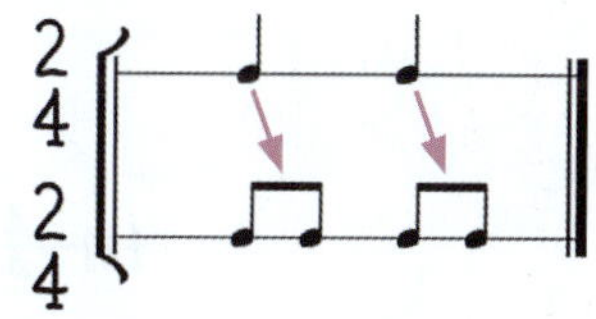

ACTIVITATS

9. Aprén a marcar els diferents compassos compostos amb les indicacions que et done el teu professor/a.

a) L'exemple musical següent conté tots els elements explicats més amunt. Analitza i indica (dibuixant claudàtors) quan s'ha produït una subdivisió ternària d'una negra amb punt o quan una corxera s'ha subdividit al seu torn en dues semicorxeres.

b) De segur que coneixes aquesta melodia. Podries tocar-la amb la flauta?

Grieg: El matí

6 Escola de músics

6.1. Amb molt de ritme

En aquesta lliçó estudiarem la fórmula rítmica: 

Aquesta fórmula consisteix en la substitució de la segona corxera per dues semicorxeres. Si per a estudiar les corxeres hem utilitzat les síl·labes *ti-ti* i per a les semicorxeres, *ti-ri-ti-ri,* ara tenim una combinació de totes dues de la manera següent:

Intenta-ho amb aquest exercici breu tocant sobre els genolls o la taula i pronunciant al mateix temps les síl·labes:

Exercici 1. Practica l'exercici següent a velocitats diferents sense base i, finalment, a la velocitat que et marque la base rítmica. Interpreta'l sobre els genolls. Per a la fórmula que ara estudiem fes servir la combinació de mans següent:

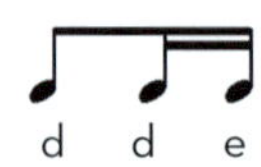

Exercici 2.

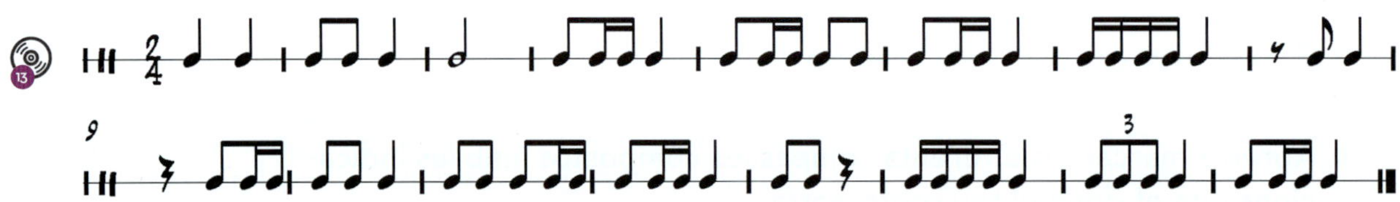

Exercici 3. Escolta aquest fragment musical que pertany a *Les quatre estacions,* de **Vivaldi.** Primerament, marca la pulsació de la música i, posteriorment, torna'l a escoltar i toca el ritme següent; respecta-hi les indicacions d'intensitat. Observa que l'exercici coincideix amb el ritme i les dinàmiques (fort-fluix) de la melodia.

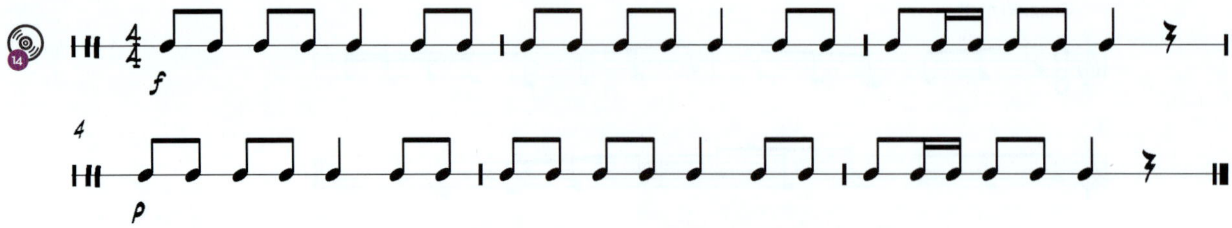

6.2. Pràctica de làmines

En aquesta unitat practicaràs l'escala de *do*, ascendent i descendent, colpejant sobre cada nota quatre vegades. Practica l'exercici complet amb la mà esquerra, després amb la dreta. Finalment, fes l'exercici alternant-hi les mans, començant per l'esquerra.

WEB DE RECURSOS

Mira el vídeo de *Pràctica de làmines*.

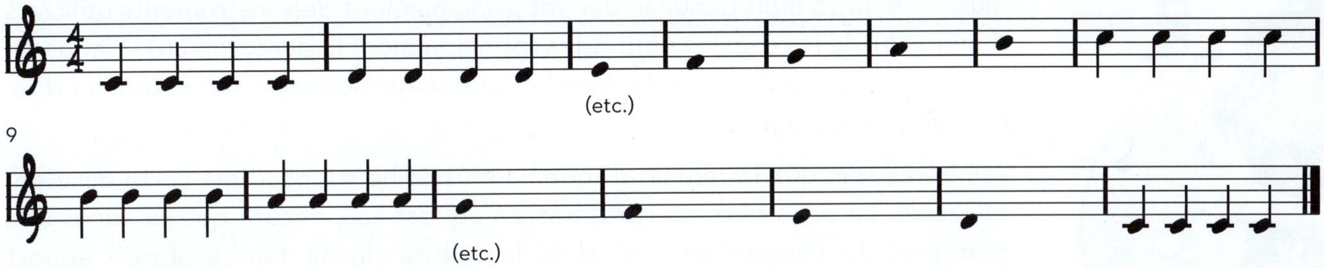

6.3. Afinant

Exercici 1

Aquest exercici conté dos intervals ascendents de 4a (*re-sol* i *mi-la*). Cal posar molta atenció a aquests salts d'intervals entre dues notes a l'hora de cantar perquè se sol desafinar, especialment la nota superior.

Observa que, en el primer pentagrama, s'arriba a la nota superior pujant progressivament, mentre que en el segon es fan directament els salts de 4a. (Pensa en les notes intermèdies per a assegurar l'afinació correcta.)

Sabries deduir, pel caràcter d'aquest fragment, si està compost amb una escala major o menor?

Exercici 2

Canta la melodia següent amb el nom de les notes (*si-do-re-mi-fa-sol-la*) sobre la base gravada. Pots fer servir la flauta per a aprendre'n una afinació correcta. Observa que les comes situades damunt del pentagrama indiquen els moments adequats per a la respiració.

Figura 1.9.
El *pipa* és un instrument tradicional de la música xinesa.

7 Músiques del món: la música xinesa

Aquesta vegada, la teua orquestra virtual t'acompanyarà per aquests sons tan característics de la música oriental, concretament la música xinesa. Aquesta música té un so molt peculiar, derivat principalment dels instruments utilitzats (Figura 1.9), de les escales emprades (principalment la *pentatònica*) i d'aquesta gairebé absència d'harmonia, que fan que la música sone tan estàtica i diferent de l'occidental.

També és cert que l'evolució d'aquesta música ha suposat una certa occidentalització. La peça que interpretaràs en aquest cas, encara que fa servir una gran part del llenguatge musical de la cultura xinesa, també ofereix aquest acostament occidental per mitjà d'una orquestra simfònica.

La peça s'estructura en tres parts clarament diferenciades amb una petita introducció. Per tant, som davant d'una forma ternària amb repetició de la primera secció: [:A:] [B] [A].

Introducció	: A :	B	A
	Pentatònic	Tonal	Pentatònic

八角塔 **Pagodas**

Música: J. A. ALAJARÍN / J. PALAZÓN

DVD

Vídeo amb la interpretació de *Pagodas* per alumnes de secundària.

ACTIVITATS

10. Escolta *Plum Blossom*. Aquesta peça reuneix elements musicals esmentats més amunt. Quina escala penses que utilitza l'instrument melòdic?

8 A duo

Aquesta vegada interpretareu a dues veus una cançó tradicional irlandesa.

La música irlandesa és rica en melodies molts suggeridores, que ens transporten als paisatges verds i frondosos d'aquest bonic país.

Down by the Sally Gardens

Tradicional irlandesa

Arranjament: MIGUEL ÁNGEL LÓPEZ

9 Auditori modern: la música disco

El terme *disco* prové de la paraula *discoteca*. Aquest estil (música concebuda per a ballar) va sorgir a mitjan anys setanta afavorit per diversos factors, entre els quals hi havia la proliferació de les discoteques i, com a conseqüència d'això, els DJ van començar a influir de manera decisiva en els gustos del públic. També el desenvolupament dels instruments electrònics va fer possible la incorporació de ritmes i de sons sintetitzats a aquesta música.

Figura 1.10.

Fotograma de *Febre del dissabte nit* (1977).

Una pel·lícula molt influent que va popularitzar el costum d'anar a ballar a les discoteques va ser *Febre del dissabte nit* (Figura 1.10). La banda sonora d'aquest film, amb cançons de Bee Gees, Tavares, Kool & The Gang i KC and The Sunshine Band, va ser l'impuls definitiu perquè aquest tipus de música es considerara un dels estils més importants de la dècada dels setanta.

Que la música disco era el so de moda durant els anys setanta ho demostren grups com Bee Gees, Boney M., ABBA —entre altres—, o cantants com Donna Summer, Gloria Gaynor, etc. Encara que alguns temes eren «rebutjables», el cert és que també se'n van produir molts d'una gran qualitat.

En l'actualitat, el terme *disco* s'associa amb la música i amb la moda dels anys setanta, però continuen sorgint grups que evidencien una influència ben clara d'aquest estil. Així, l'estil *jungle* dels grups Roni Size & Reprazent o Tricky continua demostrant que les pistes de ball són un bon indicador dels gustos populars.

Figura 1.11.

Bee Gees.

El llegendari grup Bee Gees estava format pels germans Gibb (Figura 1.11). El nom del grup prové de les inicials de *Brothers Gibb* (BG), que en anglés es pronuncia «Bee Gees». Dins de la música disco van obtenir el seu primer gran èxit amb *You should be dancing*, sense oblidar grans temes com *Stayin' Alive* o *Night fever*. Però l'èxit mundial el van aconseguir amb la banda sonora *Saturday Night Fever*. A partir del 1975 van introduir en la seua música una de les característiques vocals que més els ha definit: el **falset.**

Bee Gees en concert.

SAPS QUE...

La banda sonora de *Febre del dissabte nit* es va situar dalt de tot en les llistes nord-americanes d'èxits durant gairebé sis mesos (del gener al juliol del 1978) i va ser el disc més venut aquell any tant als EUA com al Regne Unit.

ACTIVITATS

21

11. En el muntatge d'àudio que trobaràs en el teu CD podràs escoltar uns quants fragments de cançons molt representatives de la música disco.

a) Donna Summer: *Last dance*.

b) Bee Gees: *You should be dancing*.

c) Gloria Gaynor: *I will survive*.

d) Boney M.: *Rivers of Babylon*.

Contextos musicals

Músiques renaixentistes	Vocal religiosa	• Pot dir-se que hi ha un estil **«internacional».** • Els gèneres més importants són el **motet** i la **missa.** • Estan compostos generalment **a 4 i 5 veus.** • Utilitzen la tècnica del **contrapunt imitatiu.**
	Vocal profana	• **Depenent del país** o la zona geogràfica, es desenvolupen gèneres **propis,** en contrast amb l'estil «internacional» de la música religiosa. Els més destacats van ser: – ***Chanson*** francesa. – **Madrigal** italià. – **Villancet** espanyol.
	Instrumental	• Música instrumental **basada en models vocals.** • Un procediment compositiu són les **variacions.** • Música **de dansa** (s'associaven parells de danses com *passamezzo-saltarello* o *pavana-gallarda*). • Es comencen a desenvolupar les **famílies instrumentals.**

Llenguatge i creació

- Els compassos compostos mostren una subdivisió ternària dels seus temps, és a dir, cada pulsació o temps és una figura amb punt.
- Per a saber quin compàs compost li correspon a un compàs simple, es multiplica el numerador per 3 i el denominador per 2.

Escolta

- **Auditori històric: la música vocal profana del Renaixement**

  (Vegeu més amunt)
- **Auditori modern: la música disco**

  Naix als anys setanta com a música de ball associada a la proliferació de discoteques, amb cantants com Donna Summer o grups com Bee Gees.

Interpretació

- Algunes *chansons*, com *Tant que vivray*, es van fer molt populars en el segle XVI.
- Característiques principals de la música de l'Extrem Orient:

  — Absència quasi total d'harmonia.

  — Predomini de les escales pentatòniques.

ACTIVITATS FINALS

1. Escriu, en la línia de percussió que hi ha sota les negres amb punt, la subdivisió ternària de corxeres corresponent a cada figura.

2. Com has vist en l'apartat de teoria musical, les subdivisions ternàries en corxeres en un 6/8 poden, al seu torn, subdividir-se en grups binaris de figures. Escriu sota les corxeres les subdivisions en semicorxeres que siguen possibles.

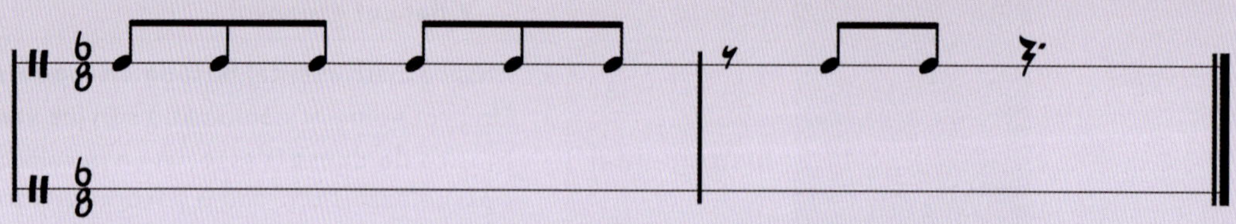

3. Observa aquesta escala. Quantes notes diferents té? Toca totes les notes d'aquesta escala amb la flauta cap amunt i cap avall en ordre. Després, prova a tocar-ne les notes combinant-les a l'atzar i repetint les notes que vulgues. És un tipus d'escala que hem esmentat en aquesta unitat: saps quina és?

4. Explica per què la música xinesa té aqueix so tan característic.

5. Contesta en el teu Llibre de Treball si és verdader o fals el que s'afirma:

   a) L'escala més utilitzada en la música occidental és la pentatònica.

   b) El *pipa* és un instrument típic de la Xina.

   c) El villancet és un gènere de música religiosa que sorgeix a Espanya.

   d) La música disco va ser un estil musical sorgit als anys huitanta.

   e) En el Renaixement s'utilitza un sistema de lectura musical més accessible anomenat tabulatura.

   f) Els gèneres principals de la música vocal profana són el madrigal i el motet.

   g) En el Renaixement sorgeix el concepte d'orquestra.

6. Observa els exemples musicals següents:

a) A quin gènere musical renaixentista pertanyen? Raona la teua resposta.

b) Localitza en les audicions del teu disc aquests dos fragments musicals.

Exemple 1 (pista de CD núm. ...)

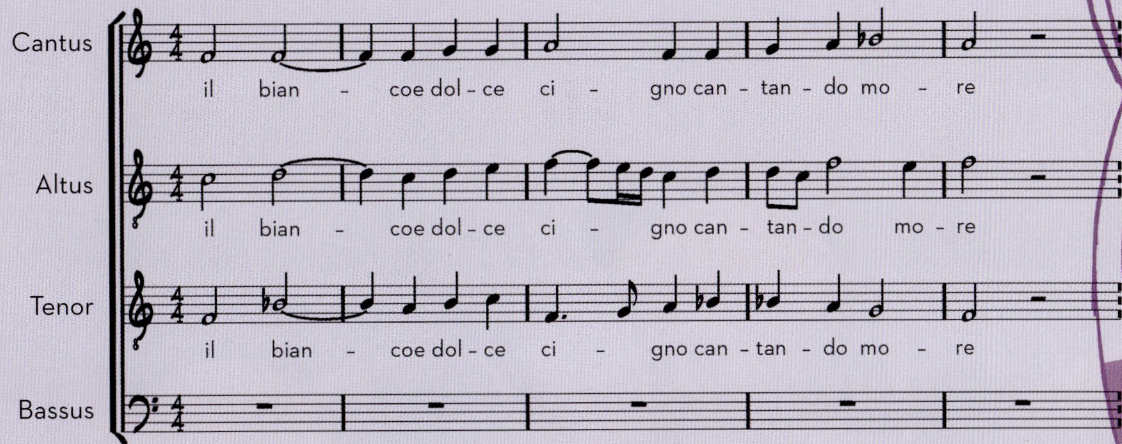

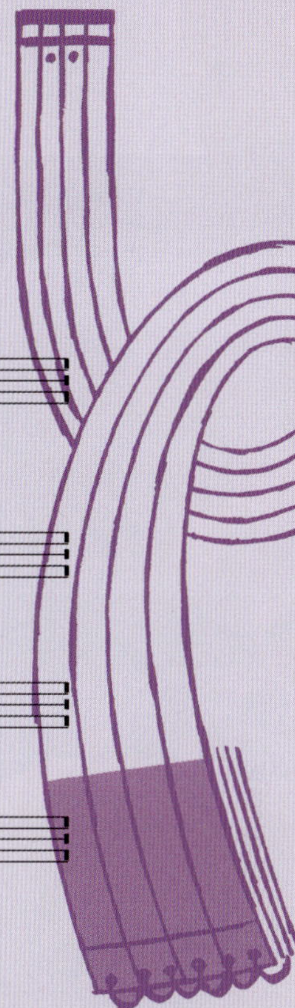

Exemple 2 (pista de CD núm. ...)

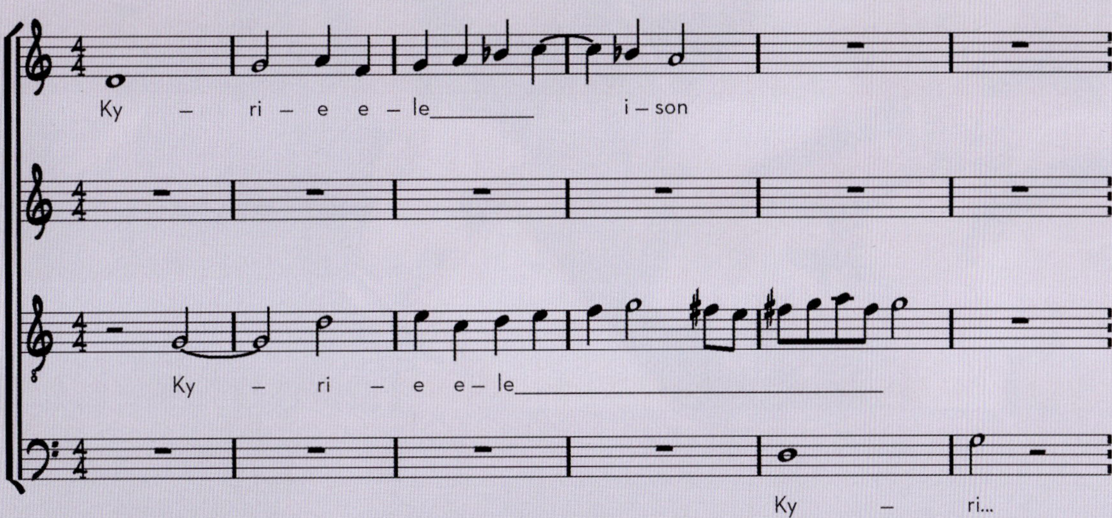

7. Investiga en Internet. En el Renaixement va haver-hi un compositor de madrigals conegut com el «príncep de Venosa».

Busca en la Xarxa informació d'aquest compositor i respon a les qüestions següents:

a) Quin és el nom d'aquest gran compositor de madrigals?

b) Quin fet tràgic va marcar la seua vida?

2 COLORS I CONTRASTOS

Quin gènere vocal importantíssim naix en el Barroc?

Com sona l'escala frígia?

Coneixes cap música popular de Llatinoamèrica?

Què s'entén per música *soul*?

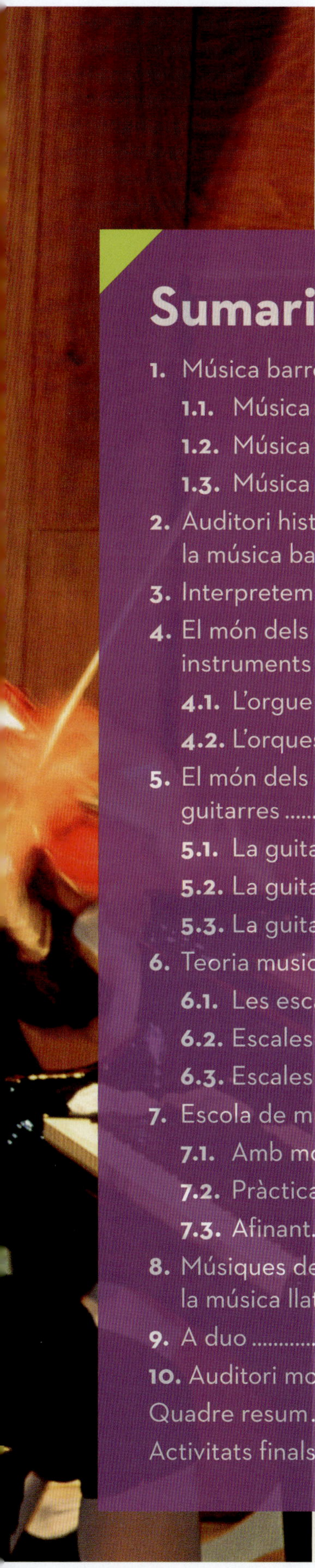

Sumari

Un CD

Ensamble Gurrufío con la Orquesta Sinfónica Gran Mariscal de Ayacucho

Aquest disc ben interessant, editat el 1999 per la companyia Independent, fusiona magistralment la música folklòrica llatinoamericana amb sonoritats simfòniques.

Una pel·lícula

***Ray* (2004), EUA**

Ray és un drama musical biogràfic que conta la història del genial músic, cantant, pianista i compositor Ray Charles. Cec des de set anys, troba la felicitat en les tecles d'un piano. La pel·lícula mescla gran quantitat d'estils musicals: *gospel, blues, R&B, country, rock and roll, soul,* etc. Aquesta pel·lícula és molt recomanable per a conéixer aqueixa llegenda musical americana que va ser Ray Charles.

Una web

http://rodrigomadridgomez.blogspot.com.es/p/capella-saetabis.html

Capella Saetabis és un grup interdisciplinari que té com a objectiu recuperar el patrimoni musical valencià desconegut o ignorat. Les seues interpretacions estan centrades en la música anterior a l'any 1800.

1 Música barroca

En el Barroc sorgeixen nous elements musicals que determinen la formació d'un nou estil musical molt diferent del Renaixement.

Figura 2.1.
Harmonia del Parnàs és un grup creat per la seua directora i clavecinista, la musicòloga Marian Rosa Montagut. Interpreten obres anteriors al s. XIX amb instruments i criteris històrics, respectant les particularitats teòriques i estilístiques de cada període i ambient concret.

DVD

Fragment d'una pel·lícula sobre el gran compositor barroc Johann Sebastian Bach.

ACTIVITATS

1. Escolta atentament l'audició següent, que conté tres fragments de música barroca, i intenta relacionar-ne cada un amb una d'aquestes opcions:

Contrast   Moviment   Veu greu + Melodia

WEB DE RECURSOS

En la web pots trobar informació sobre el context sociocultural d'aquest període.

- En el primer fragment de l'audició anterior has pogut escoltar una veu greu (sola) que, posteriorment, acompanya una melodia. Aquesta veu greu que acompanya la melodia es diu **baix continu.**
- En el segon fragment deus haver percebut el **contrast** fort/fluix entre les parts musicals. La música barroca buscarà el contrast, enfrontant grups instrumentals grans i menuts, instruments de timbres diferents, parts vocals i instrumentals, moviments ràpids i lents o, com en el segon fragment d'aquesta audició, alternant dinàmiques extremes *(forte* i *piano).* Aquest estil musical, basat en el contrast, s'anomenarà *stilo concertato.*
- El tercer fragment et deu haver fet la sensació de molt de **moviment** i ritme molt mecànic. En la música barroca aquest efecte de moviment es buscarà mitjançant l'ús d'una pulsació regular i molt marcada, i també mitjançant l'execució de fórmules rítmiques molt veloces, sobretot en la música instrumental. En aquest període apareix el concepte de *compàs* com a successió de temps forts i dèbils.

SAPS QUE...

En el Barroc naix el sistema tonal i les escales antigues són reemplaçades per les escales major i menor.

1.1. Música vocal profana

Observa la imatge següent:

Figura 2.2. 23
Escena de l'òpera *Juli Cèsar*, de Händel.

És evident que es tracta d'una escena teatral ambientada en època antiga, en la que sona música i estan cantant. La imatge pertany a una escena d'**òpera,** concretament a la de *Juli Cèsar* de Händel, un compositor molt important del Barroc. L'òpera és un gènere importantíssim de la música vocal que naix en aquest període i podem definir-la com una obra de teatre musicalitzada.

Fa poc s'ha trobat la primera òpera barroca valenciana en l'arxiu de la catedral de València, anomenada *Ópera al Patriarca San José*, composta per Josep Prades Gallent en 1718.

1.2. Música vocal religiosa

En la música religiosa, el període barroc aporta també nous gèneres, entre els quals cal destacar l'**oratori** i la **cantata.** Aquests gèneres eren utilitzats per les diferents esglésies (catòlica, luterana) com a vehicle per a transmetre les seues doctrines.

Els oratoris s'elaboraven posant música a històries de caràcter religiós, normalment basades en textos de la Bíblia, tant de l'Antic Testament com del Nou. En els oratoris, a diferència de l'òpera, no hi ha representació escènica, sinó que simplement són interpretats per una orquestra, cors i cantants solistes, que narren la història en un escenari i sense cap tipus de decorat o d'acció.

ACTIVITATS

24 **2. Escolta l'audició *For unto us a child is born,* pertanyent a un famós oratori de Händel. Busca en Internet i contesta:**

a) De quin oratori es tracta?

b) Quin és el cor que s'ha fet més famós d'aquest oratori?

c) De què tracta, aquest oratori?

DVD

Fragment de l'oratori *El Messies* de Händel.

DVD

Fragment de l'òpera *Juli Cèsar* de Händel.

RECORDA

L'òpera s'estructura en actes, com el teatre, amb diferents parts, com l'obertura, recitatius, àries i cors.

SAPS QUE...

Joan Baptista Comes (1582-1643) va ser mestre de capille de la catedral de València i un polifonista destacat de la música vocal religiosa.

DVD

Interpretació d'un fragment de l'obra *Water Music* ('Música aquàtica') de Händel.

1.3. Música instrumental

En el Barroc, la música instrumental assoleix la independència de manera definitiva enfront de la vocal. Es compon música pensada específicament per als instruments (el perfeccionament dels quals obri moltes possibilitats), i es creen gèneres purament instrumentals com el *concert*, la *suite*, la *fuga* i la *sonata*. Vegem-ne alguns.

A. El concert

Aquesta paraula té possiblement l'origen en el terme italià *concertare*, que es podria traduir com 'rivalitzar, competir'. Això té sentit, ja que aquest gènere instrumental es basa en una certa «rivalitat» entre diferents grups d'instruments. En el Barroc va haver-hi dues variants d'aquest gènere:

- **Concert *grosso*:** la rivalitat o el diàleg musical s'estableix entre un grup reduït d'instruments, anomenat *concertino*, i la resta de l'orquestra o *tutti*. Van destacar en aquest gènere **Corelli** i **Händel.** El concert *grosso* desapareixerà a la fi del Barroc, perquè s'imposarà el concert solista.
- **Concert per a solista:** s'estableix el diàleg entre un sol instrument (a vegades dos) i l'orquestra. Hi van destacar **Torelli, Vivaldi** (Figura 2.4) i **Bach.** El concert per a solista es continuarà practicant fins als nostres dies. En l'apartat «Interpretem música barroca» tindràs l'ocasió d'interpretar un moviment d'un concert per a flauta dolça.

S'estructura en tres parts o moviments que contrasten en el *tempo:*

1. Ràpid — 2. Lent — 3. Ràpid

Figura 2.3.
Detall de la partitura composta per Joan Cabanilles. Va nàixer a Algemesí, el 1644, i va ser un dels grans compositors i organistes de la música barroca valenciana. Va morir a València el 1712.

ACTIVITATS

25 **3. Escolta un fragment de cada un dels tres moviments del *Concert per a oboé Op. 9*, d'Albinoni i comprova el contrast de *tempo*. Observa que el solista entra després de l'orquestra.**

B. La *suite*

L'altre gènere instrumental important del Barroc va ser la *suite de danses*, o el que és el mateix, una successió de danses.

ACTIVITATS

26 **4. Igual que en el concert, la *suite* consta de diversos moviments que contrasten en caràcter. La successió de danses més utilitzada va ser *alemanda-courante-sarabanda-giga*. Escolta en aquesta audició, pertanyent a una *suite* barroca, un fragment de cada un dels quatre moviments.**

SAPS QUE...

El Barroc és l'època dels grans lutiers (constructors d'instruments), com l'italià Stradivarius, els instruments de corda del qual es continuen considerant els millors del món.

2 Auditori històric: la música barroca

En l'apartat «Contextos musicals» d'aquesta unitat hem parlat dels elements de la música barroca. En aquest *auditori* aprendràs a identificar-los auditivament i parlarem d'un de nou: l'estil *concitato.*

L'**estil *concitato*** és un recurs que consisteix a executar un ritme molt ràpid sobre una nota, per a crear un efecte de moviment o dinamisme. Per exemple, **Vivaldi** l'utilitza en la seua famosa obra *Les quatre estacions,* per a descriure musicalment una tempesta.

Recordem que altres elements musicals utilitzats són el baix continu i el contrast (dinàmic, tímbric, etc.).

Figura 2.4.
Antonio Vivaldi (1678-1741) va tenir el gran mèrit de compondre tenint molt en compte els instruments que havien d'interpretar la seua música. Per això, les seues obres resulten tan cridaneres i brillants.

ACTIVITATS

27 **5. Escolta aquests quatre fragments musicals i numera'ls en el teu Llibre de Treball tenint en compte l'ordre en què hi van sonant els diversos elements estilístics.**

- Estil *concitato* ☐
- Contrast tímbric ☐
- Baix continu ☐
- Contrast dinàmic ☐

Bach (Figura 2.5) no sols ha estat considerat el compositor més gran del Barroc, sinó un dels més importants de la història de la música. La seua música va caure en l'oblit fins al segle XIX, època en què és recuperada per al públic pel compositor romàntic **Felix Mendelssohn.**

Figura 2.5.
Johann Sebastian Bach (1685-1750).

ACTIVITATS

28 **6. La música de Bach ha estat admirada per músics no sols clàssics, sinó també del món del *jazz* i de la música pop. De les seues obres se n'han fet versions en estils molt variats.**

Escolta un fragment de l'ària de la *Suite per a orquestra núm. 3* i un segon fragment amb una cançó pop titulada *Everything's gonna be alright,* del grup **Sweetbox,** en què s'ha utilitzat aquesta ària de **Bach.**

3 Interpretem música barroca

En aquesta unitat interpretaràs una dansa molt apreciada en el període barroc: el *minuet*.

Miniminuet

El minuet va arribar a formar part de moltes *suites* de danses en l'època barroca, encara que va anar perdent gradualment el caràcter ballable quan es va incloure, posteriorment, en gèneres més seriosos com la sonata o la simfonia.

Aquesta dansa es caracteritza pel seu compàs ternari, un *tempo* moderat i un ritme marcat. El minuet, dins d'una *suite*, té una forma binària, dues seccions que es repetixen cada una. El seu esquema seria:

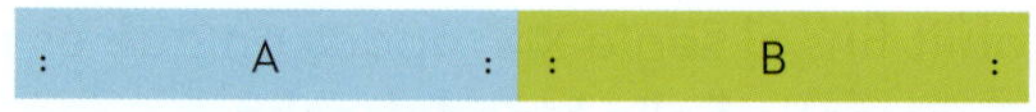

Potser et preguntes per què, si un minuet acostuma a tenir forma binària, el que interpretaràs ací té una única secció repetida. La resposta rau en el seu nom; de nou, és un joc de paraules (recorda *pasarello*): miniminuet o minuet *mini*.

La instrumentació de la peça està basada en una orquestra de corda i un instrument molt important en el Barroc pel fet d'utilitzar-se per a reforçar l'harmonia i fer al mateix temps certs adorns melòdics: ens referim al **clavecí,** un instrument de teclat de sonoritat molt diferent del piano actual i que s'utilitzava per a reforçar o fer el baix continu. Ho pots percebre clarament en aquesta peça.

Ja hem vist en què consisteix el gènere del concert que sorgeix en el Barroc. Ara tindràs l'oportunitat de comprendre'n millor l'estructura interpretant la peça següent.

Aquesta música té un caràcter alegre i viu, com moltes de les peces de l'època. **Vivaldi** va ser un dels genis indiscutibles en aquest gènere; és a dir, música per a un solista i orquestra. I amb aquesta composició rendim un homenatge a aquest gran mestre de la música instrumental.

Visca Vivaldi!

4 El món dels instruments: instruments en el Barroc

Com hem vist, el Barroc és un període de gran desenvolupament de la música instrumental, enfront del domini que tenia la polifonia vocal en el Renaixement.

En el període del Barroc els instruments van assolir una gran perfecció, i es construïen ja de manera semblant als actuals. És l'època dels grans lutiers (constructors d'instruments), com l'italià **Stradivarius** (Figura 2.6), els instruments de corda del qual es continuen considerant els millors del món. Altres lutiers famosos d'aquest període van ser Amati i Guarnieri.

SAPS QUE...

Al Palau Real de Madrid es conserva un quartet de Stradivarius de gran valor (un milionari va arribar a oferir més de 12 milions d'euros per un dels violins).

Figura 2.6.
Violí Stradivarius.

4.1. L'orgue

Un instrument que va assolir un gran desenvolupament en el Barroc va ser l'**orgue,** instrument que compositors com Buxtehude, Händel i Bach tocaven amb una gran mestria (Figura 2.7). Es van construir orgues de tubs espectaculars en esglésies i catedrals. Aquest instrument s'acciona a través d'un teclat o més en què les tecles obrin unes vàlvules perquè l'aire generat per una manxa faça sonar els tubs que, depenent de la forma i la grandària, tenen sonoritats diferents. Aquests orgues també van incorporar un pedaler per tocar les notes més greus (baix continu) amb els peus.

ACTIVITATS

33

7. Activitat d'audició: escolta dos fragments de música barroca en què el protagonista és l'orgue. En el primer només sona un orgue: és la famosa *Tocata i fuga en re m* de J. S. Bach.

En el segon, escoltaràs l'orgue acompanyat per l'orquestra, ja que es tracta d'un concert per a orgue de Händel.

Figura 2.7.
Orgue del Col·legio Diocesà de Sant Doménec d'Oriola. L'orgue és un instrument aeròfon amb teclat que va viure l'època daurada en el Barroc, amb J. S. Bach com el compositor més destacat. A València destaca Joan Baptista Cabanilles.

4.2. L'orquestra en el Barroc

En el Barroc, en gran part gràcies a la perfecció tècnica que van aconseguir els instruments de corda fregada (violí, viola, violoncel i contrabaix), va sorgir el concepte d'orquestra tal com ara la concebem. En aquest període trobem orquestres reduïdes en comparació amb les actuals. Estaven constituïdes, bàsicament, per la secció de corda fregada i el clavecí, instrument de teclat que donava suport amb acords al baix continu.

A més, s'incloïen, en funció de cada composició, instruments de vent de fusta (flauta, oboé i fagot), vent de metall (trompetes i trompes) i de percussió (timbales). Una formació habitual constava d'uns vint-i-cinc músics. A diferència de les orquestres actuals, el director solia dirigir assegut mentre tocava el clavecí.

5 El món dels instruments: guitarres

Si hi ha un instrument musical que gaudisca de gran acceptació entre els que volen iniciar-se en l'estudi d'algun, possiblement siga la guitarra. Una de les raons principals potser siga que és un instrument polifònic, és a dir, capaç de produir diversos sons al mateix temps, cosa que el fa ideal per a acompanyar qualsevol melodia. Però no sols s'utilitza per a acompanyar, sinó que també s'utilitza com a solista. A més, és un instrument capaç d'adaptar-se als estils més variats, des del folklore, passant per la música culta fins a arribar a la música popular.

Aquest apartat estarà dedicat a conéixer els tipus de guitarra més utilitzats (clàssica, acústica i elèctrica), les seues característiques i el seu so.

5.1. La guitarra clàssica

La guitarra clàssica o espanyola (Figura 2.8) és un instrument musical de corda polsada, compost d'una caixa de fusta amb un forat acústic (boca) al mig de la tapa, sis cordes i un pal amb trasts. El seu so se sol associar a la interpretació de peces de música clàssica, al flamenc i al folklore d'uns quants països. És l'antecessora de totes les guitarres actuals, i la ideal per a aprendre a tocar.

Figura 2.8.
Guitarra clàssica.

5.2. La guitarra acústica

La diferència principal de la guitarra acústica (Figura 2.9) enfront de la clàssica és la grandària (normalment una mica més) i les cordes, que són metàl·liques. Amb aquests canvis s'aconsegueix més volum i brillantor. El seu so està estretament lligat al pop, al *country*, al *blues* i a tots els seus subgèneres.

Figura 2.9.
Guitarra acústica.

5.3. La guitarra elèctrica

La guitarra elèctrica (Figura 2.10) incorpora un o més transductors electromagnètics anomenats «pastilles», que converteixen les vibracions de les cordes en senyals elèctrics capaços de ser processats i amplificats. Això últim ofereix moltes possibilitats, entre les quals la d'aconseguir el volum que es vulga, dins de les limitacions de potència de l'equip o de l'amplificador a què es connecte. El cos sol ser de fusta sòlida, cosa que fa l'instrument més pesant que les seues germanes «desconnectades». Els seus sons més agressius van crear el vocabulari del *rock*, però sempre ha estat present en infinitat d'estils, com el *blues*, el *soul*, el *funk*, el *heavy*, el *country*, el pop, etc.

Figura 2.10.
Guitarra elèctrica.

ACTIVITATS

34 **8. Escolta el muntatge musical següent en què pots observar el so de cada una de les guitarres explicades.**

6 Teoria musical: les escales

Probablement, si et demanaren que cantares l'**escala de *Do*** sabries fer-ho. Si t'hi fixes, allò que fas és cantar set sons des d'un *do* més greu a un altre de més agut. Podem definir, per tant, **escala** com una successió de sons entre dues notes del mateix nom i ordenats de greu a agut o viceversa.

La primera cosa que has de saber és que en aquestes escales de 7 sons, anomenades **diatòniques,** la distància entre dos sons consecutius pot ser de to o de semitò (mig to). Per exemple, la nota *re* està a una distància d'un to de la nota *do*, és a dir, és un to més aguda. Observa el gràfic següent. Entre totes les notes hi ha un to, excepte entre *mi-fa* i *si-do,* que se situen a un semitò de distància.

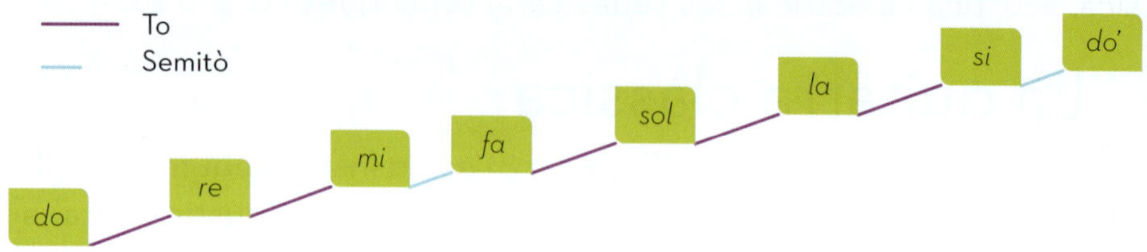

SAPS QUE...

El flamenc i algunes formes del folklore espanyol, com el fandango, utilitzen molt en la música les sonoritats de l'escala frígia.

6.1. Les escales antigues

Com ja hem vist en la unitat anterior, en èpoques passades de la cultura occidental, com l'edat mitjana i el Renaixement, es van utilitzar unes escales que s'han anomenat modes o **escales antigues.** Ja en coneixes unes quantes, com l'escala de *Re* (o mode dòric). Com a exemple d'una altra escala antiga observa la de *Mi* o mode frigi:

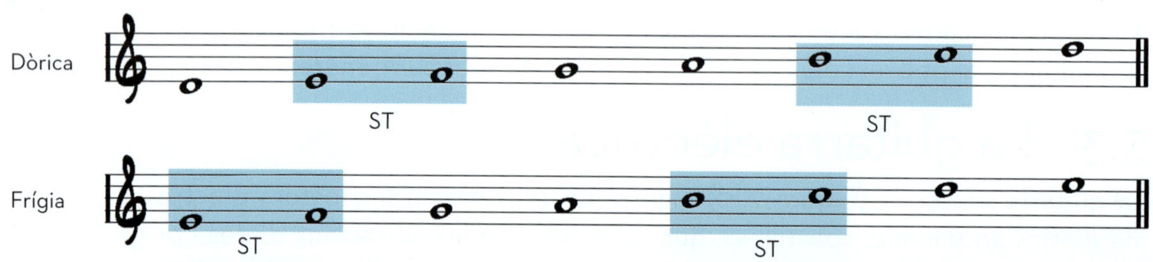

Què és allò que fa que una escala tinga una sonoritat diferent d'una altra? Si compares els dos modes anteriors (dòric i frigi), observaràs que la posició dels semitons (notes *mi-fa* i *si-do*) és diferent. Doncs bé, la **sonoritat d'una escala** o mode és donada bàsicament per la distribució diferent de les distàncies de tons i de semitons que resulta entre les notes.

ACTIVITATS

9. Escriu en el teu Llibre de Treball les escales antigues o modes de *fa* (lidi) i de *sol* (mixolidi) i assenyala la distància de to i semitò entre les notes.

6.2. Escales majors i menors

Va haver-hi dues escales antigues: la de *Do* (mode jònic) i la de *La* (mode eòlic), la sonoritat de les quals s'imposava sobre les altres en la música occidental. Així, els modes van quedar reduïts a la pràctica a aquests dos, que es van anomenar posteriorment **mode major** o **escala major** i **mode menor** o **escala menor,** i que es caracteritzaven per aquesta distribució dels semitons:

Mode major

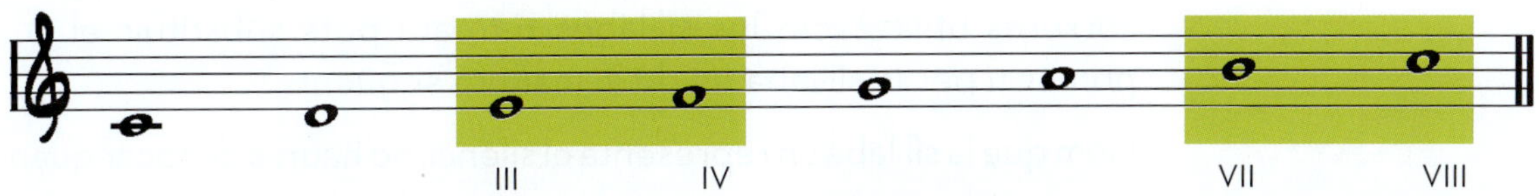

Mode menor

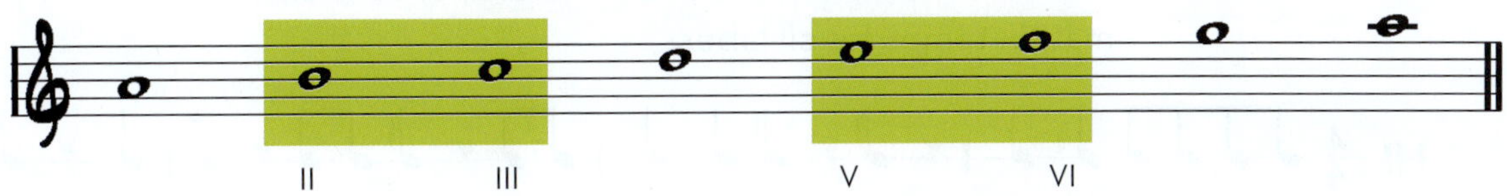

Les escales majors solen aportar un caràcter més «alegre» a l'obra musical, mentre que les menors s'associen més amb un caràcter «melancòlic».

6.3. Escales d'altres cultures

Que les melodies d'altres cultures o països sonen tan diferents de les nostres, es deu, entre altres raons, al fet que utilitzen altres tipus d'escales.

En l'apartat «Músiques del món» de la Unitat 1 ja hem parlat de les cultures orientals (com la Xina o el Japó), que fan servir molt una escala anomenada **pentatònica** (perquè té cinc sons). Aquesta escala es caracteritza per eliminar les distàncies de semitò de la nostra escala occidental. En el cas de les escales majors, sempre se suprimeixen els graus IV i VII. Així, en l'escala de *Do,* cal suprimir les notes *fa* i *si*.

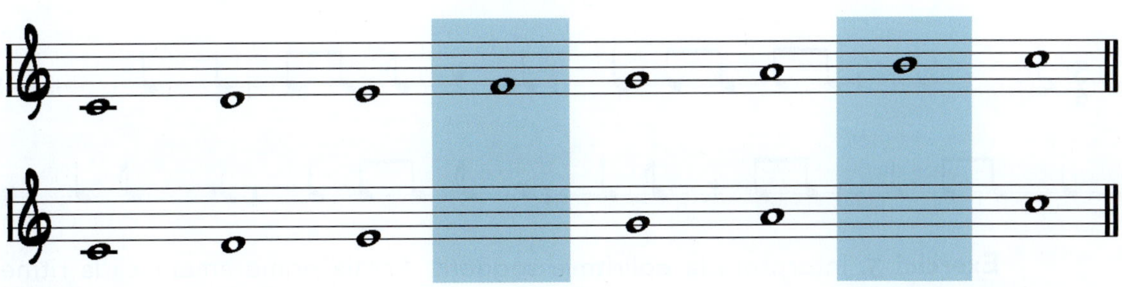

Escala de *Do* major

Pentatònica major de *Do*

ACTIVITATS

35 **10. Escolta els diferents tipus d'escala que hem explicat. Cada escala és precedida d'un fragment musical curt la sonoritat del qual deriva d'aquesta mateixa escala.**

7 Escola de músics

7.1. Amb molt de ritme

En aquesta lliçó estudiarem el *contratemps de corxera:*

Recorda que la fórmula consisteix en la substitució de la primera corxera pel silenci respectiu. Si per a l'estudi de les corxeres utilitzàvem les síl·labes *ti-ti,* ara pots substituir el primer *ti* per la síl·laba *un* de la manera següent:

Com que la síl·laba *un* representa el silenci, no hauràs de tocar quan la pronuncies.

Intenta-ho amb aquest breu exercici, tocant amb palmades i pronunciant al mateix temps les síl·labes:

La denominació de **contratemps** respon al fet que la corxera apareix en la part dèbil del temps i crea la sensació d'anar en contra de l'accentuació natural d'aquest.

Exercici 1. Practica l'exercici següent a diferents velocitats sense base i, finalment, a la velocitat que et marque la base rítmica. Interpreta'l amb palmades.

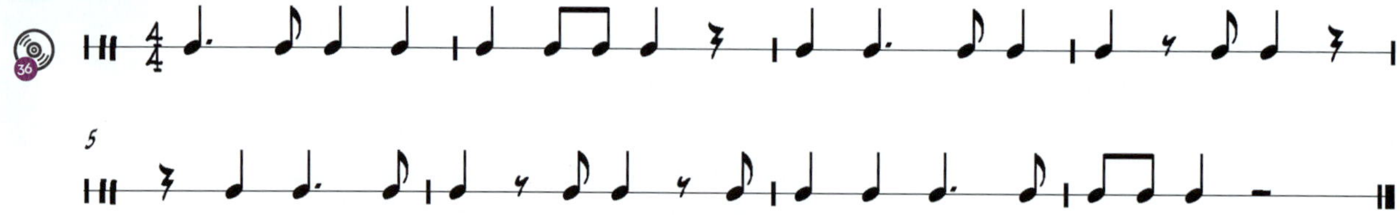

Exercici 2. Practica l'exercici següent sobre la base rítmica gravada.

Exercici 3. Interpreta la poliritmia següent. Assaja primerament cada ritme separadament i després intenta tocar-los alhora. Escolta-ho per a comprovar si ho fas bé.

7.2. Pràctica de làmines

En aquesta unitat començaràs a tocar un arpegi (sobre la nota *do*) sobre un compàs de 3/4. Per tant, cada nota de l'arpegi la tocaràs tres vegades. Observa que l'exercici es repeteix tres vegades; per tant, has de tocar-lo primerament amb la mà dreta, després amb l'esquerra i, finalment, alternant ambdues mans.

WEB DE RECURSOS

Mira el vídeo de l'apartat *Pràctica de làmines* d'aquesta unitat.

1a vegada amb la mà dreta 2a vegada amb la mà esquerra (×3)

Fes ara el mateix exercici en arpegi, però sobre un compàs de 2/4. La 1a vegada el tocaràs amb la mà dreta, la 2a vegada amb l'esquerra; finalment, alterna ambdues mans.

(×3)

Practica'l ara amb un sol colp per nota. Al final del vídeo pots veure la seqüència completa de l'exercici.

7.3. Afinant

Si t'hi fixes, en moltes de les cançons que escoltes habitualment hi ha veus que fan fons musicals: és el que s'acostuma a anomenar «cors». Açò no és senzill, perquè normalment es canta a diverses veus, cosa que requerix certa pràctica.

Exercici 1. Per a començar a entrenar un poc més la teua oïda, faràs un exercici senzill d'afinació a dues veus sobre notes llargues (redones). Intenta cantar-ne cada una amb el fons musical que tens en el teu CD. Pots cantar-les sobre la vocal *u*. Finalment, podeu intentar interpretar-les juntes en classe formant dos grups.

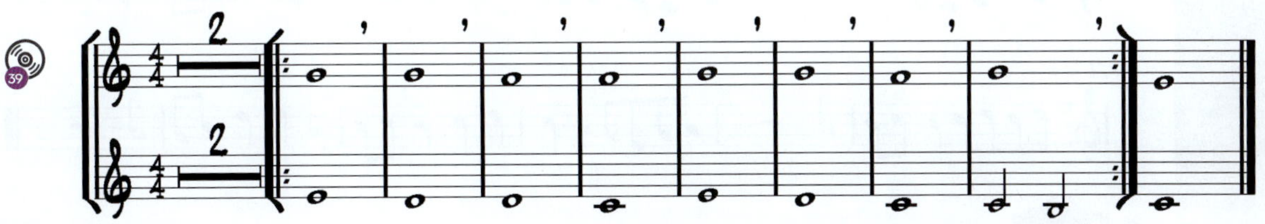

Exercici 2. La peça que cantaràs a continuació té un caràcter meditatiu i es desenvolupa bàsicament sobre un acompanyament de dos acords.

Figura 2.11.
Flauta de Pan.

8 Músiques del món: la música llatinoamericana

Aquesta vegada, un grup de música llatinoamericana serà l'encarregat d'acompanyar-te en el nostre petit viatge musical.

Si observes la partitura, veuràs que la forma de la peça és ternària, **A B A,** amb repetició de la primera secció **A** i de **B.** Encara que per a **B** no s'ha utilitzat signe de repetició.

Introducció	: A :	: B :	A

Pel que fa a la **instrumentació,** aquesta peça musical utilitza alguns instruments típics de la música andina com l'ocarina i la flauta de Pan (Figura 2.11), el *charango* (Figura 2.12) i percussions tan curioses com el sonall de llavors.

DVD

Vídeo amb la interpretació de *Peruandina* feta per alumnes de secundària.

Peruandina

41 42

Figura 2.12.
Charango.

ACTIVITATS

43 11. Escolta un fragment del tema *Pajarillo*, interpretat pel grup veneçolà Ensamble Gurrufío. Hi podràs percebre el so de l'arpa, del *charango*, del *cuatro* veneçolà, etc., a més dels ritmes característics d'aquesta música, com el *joropo*. Aquest tema és un arranjament d'un tema folklòric que fusiona instruments tradicionals de la zona amb una orquestra simfònica.

9 A duo

El nostre duo en aquesta unitat està dedicat a Händel, un dels grans compositors de la música barroca. Aquesta interpretació demana més esforç de coordinació entre les dues veus, perquè no sempre coincideixen quant al ritme, especialment en la part B. Es tracta d'una *gavotte* o gavota, música inspirada en una dansa popular amb aquest nom d'origen francés, que formava part de la *suite*, gènere de què ja hem parlat en aquesta unitat.

Gavotte

44 Andante

G. F. Händel (1685-1759)

Figura 2.13.
Parelles ballant una dansa típica de l'època.

10 Auditori modern: el *soul*

DVD

Fragment de la pel·lícula *Ray*, que recrea la vida del cantant i pianista Ray Charles.

En el transcurs dels últims cinquanta anys, els músics negres han produït la música més popular del planeta. Sons com l'*R&B*, el *hip-hop*, el *funk* o el *soul*, entre altres, en són una bona mostra.

El *soul* va nàixer en la dècada dels seixanta, en zones oblidades dels EUA on els negres eren una minoria ètnica oprimida. Contra tot pronòstic, va ser un pianista negre, el genial Ray Charles, el primer a mostrar la música *soul* al món. Va ser el primer a unificar dues forces musicals oposades: els ritmes sensuals de les sales de ball amb els ritmes carregats d'emoció de l'església negra. Per tant, podem entendre el *soul* com una mescla d'*R&B* i *gospel*.

Figura 2.14.
Ray Charles, cec des de set anys, va ser un dels primers músics negres a establir la seua pròpia firma discogràfica. Juntament amb James Brown, refermarien la transició del *gospel* i l'*R&B* cap al *soul*.

Però el mestre i creador indiscutible del *soul* va ser Otis Redding. El seu estil, fusió de *blues*, pop i *gospel*, encara que molt personal, es va convertir al mateix temps en una cosa universal. N'hi ha prou d'escoltar les múltiples versions de *Satisfaction* i *Respect*, la més tranquil·la *Wonderful World*, la balada *I've been loving you too long*, o la popular *(Sittin' on) The dock of the bay* (que va vendre un milió de còpies). Juntament amb Aretha Franklin (anomenada *Lady Soul* o *Queen of soul*), Wilson Pickett i Percy Sledge, formen el quartet estel·lar del *soul*.

En la dècada dels huitanta, cantants com Luther Vandross i Teddy Pendergrass reprendrien el millor de l'època de Sam Cooke, aplicant el *gospel* fora de l'àmbit religiós. Al començament dels noranta el *soul* torna a popularitzar-se amb grups com Boyz II Men, caracteritzat per les seues harmonies vocals.

SAPS QUE...

Aretha Franklin va influir musicalment en cantants tan conegudes com Whitney Houston, Mariah Carey o Christina Aguilera, entre altres.

ACTIVITATS

45 **12. En el muntatge d'àudio següent, inclòs en el teu CD, podràs escoltar alguns fragments de grans èxits de la música *soul*:**

a) Otis Redding: *My girl.*

b) Aretha Franklin: *Think.*

c) Luther Vandross: *Love the one you're with.*

d) Boyz II Men: *Thank You.*

Contextos musicals

Músiques barroques	Elements musicals	• Ús del **baix continu.** • Recerca del **contrast.** • Recerca del **moviment.** Estil *concitato.* • Pas de la modalitat a la **tonalitat.**
	Música vocal	• **Vocal profana:** naixement de l'òpera. • **Vocal religiosa:** els gèneres principals són l'oratori i la cantata. A diferència de l'òpera, no tenen representació escènica.
	Música instrumental	• Els gèneres principals són el **concert** (*grosso* i solista), la ***suite*** i la **fuga.** • És l'època dels grans **lutiers** italians, com ara Stradivarius.

Llenguatge i creació

- **Escala:** successió de sons entre dues notes del mateix nom i ordenats de greu a agut o viceversa.
- **Escala diatònica:** set sons separats per tons i semitons. Entre *mi-fa* i *si-do* hi ha mig to.
- Durant l'edat mitjana i el Renaixement es van fer servir les **escales** o **modes antics,** com les escales dòrica i frígia.
- La **sonoritat d'una escala** depén de la distribució de tons i semitons.

Escolta

- Les **guitarres** poden ser, bàsicament, de tres tipus: clàssica o espanyola, acústica i elèctrica.
- **Auditori històric:** l'estil *concitato* és un recurs que consisteix a executar un ritme molt ràpid sobre una nota.
- **Auditori modern: la música *soul.***
- El ***soul*** és un estil musical que naix als EUA en la dècada dels seixanta i podem definir-lo com una mescla d'*R&B* i *gospel.*

Interpretació

- **Minuet:** dansa que es caracteritza pel compàs ternari, un temps moderat i un ritme marcat. Té forma binària.
- Dos instruments de teclat que es van utilitzar molt en el Barroc van ser el clavecí i l'orgue.
- La música peruana utilitza instruments molt característics, com la flauta de Pan, el *charango* o l'ocarina.

1. Associa les escales següents amb el nom corresponent:

a) 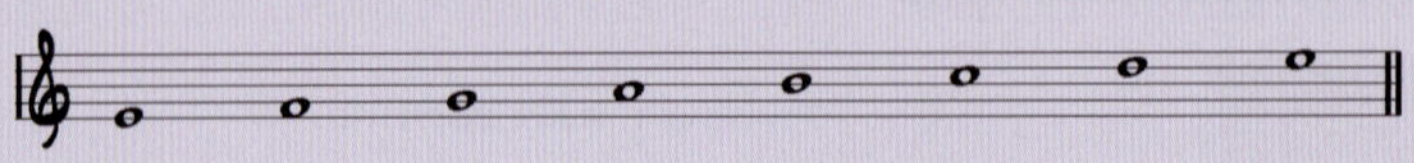 • • Àrab

b) 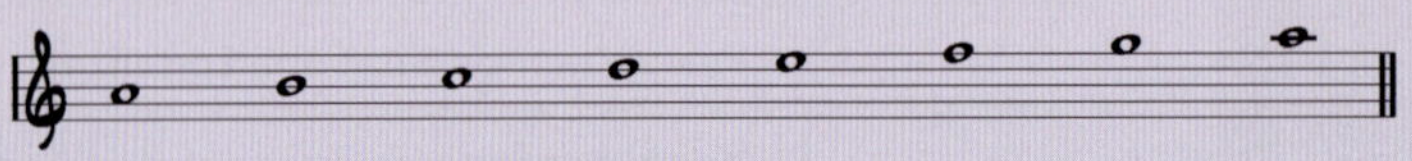 • • Frígia

c) 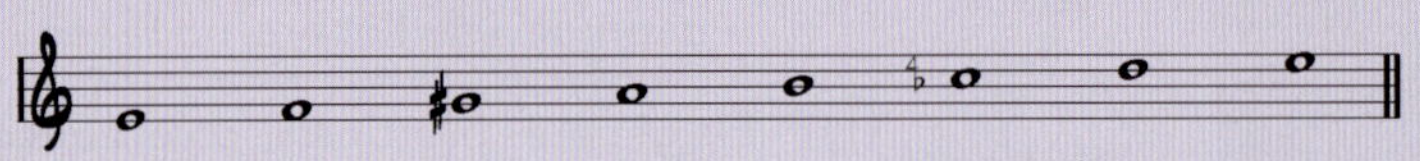 • • Pentatònica

d) 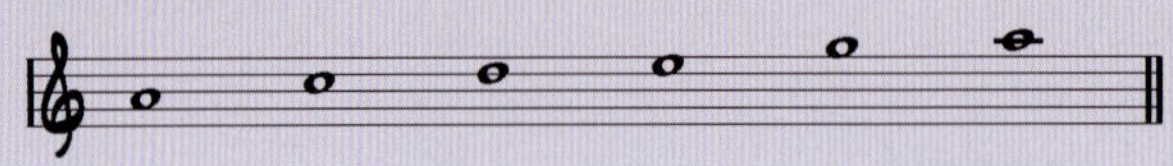 • • Diatònica

2. Observa els quadres següents, que contenen les parts o els moviments de tres gèneres musicals. A quin tipus de gènere barroc poden pertànyer? Raona la teua resposta.

– *Allegro*
– *Adagio*
– *Allegro*

– *Alemanda*
– *Courante*
– *Sarabanda*
– *Giga*

– Obertura
– Recitatiu
– Cor
– Recitatiu i ària
– Etcètera

3. Quan i on sorgeix la música *soul*? Qui és considerat el creador d'aquest estil?

4. Explica en què consisteix l'estil *concitato*.

5. Explica les diferències principals entre un oratori i una òpera.

6. Investiga sobre el *charango*, un dels instruments de corda més populars de la música llatinoamericana, i contesta:

   a) Quin tipus d'instrument és? Descriu-lo breument.

   b) Quin n'és l'origen?

   Web recomanada: **www.charango.cl**

7. Indica en el teu Llibre de Treball si és verdader o fals el que s'afirma:

a) L'escala antiga de *re* s'anomena escala frígia.

b) La música barroca està basada en el contrast.

c) La flauta de Pan és un instrument semblant a la flauta dolça.

d) L'òpera naix en el Barroc, al voltant de l'any 1600.

e) La música *soul* és una mescla de *gospel* i *R&B*.

f) Els gèneres principals de la música vocal profana són l'oratori i la cantata.

g) Un instrument d'acompanyament molt important en el Barroc va ser el clavecí.

8. Investiga en Internet utilitzant un cercador:

a) Quina obra del Barroc s'ha utilitzat com a sintonia d'Eurovisió? Qui en va ser el compositor?

b) Quina obra va compondre Händel per a ser interpretada a l'aire lliure en una barcassa pel riu Tàmesi (Londres)?

c) Quin n'és l'origen?

3 TONALITAT I EQUILIBRI

En quina època van viure els genials Mozart i Beethoven?

Qui va fabricar el primer piano?

Quin tipus d'orquestra és un gamelan?

Coneixes alguna característica musical del *heavy metal*?

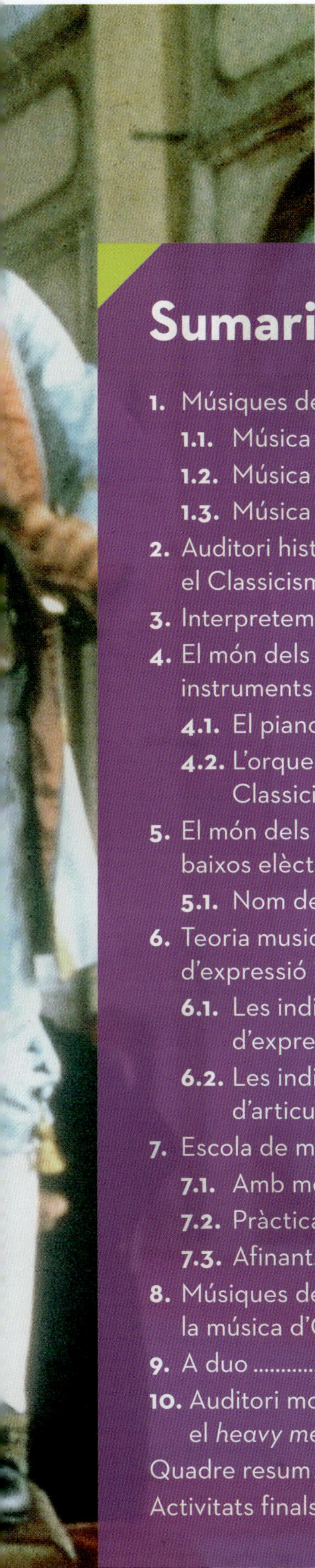

Sumari

Un DVD

La pel·lícula *Martini, il valenciano* (2008).

Pel·lícula dirigida per Miguel Perelló sobre la vida del compositor Vicent Martín i Soler.

Un llibre

***Clásicos populares*, de Fernando Argenta. Editorial Espasa Calpe**

Llibre que recrea de manera molt amena i didàctica la vida de compositors famosos, entre els quals no podien faltar Mozart i Beethoven.

Una web

http://www.imusic.org.uk

WCSMusic (anomenada també *iMusic*) és una web on podràs conéixer materials d'aprenentatge interactiu revolucionaris. Podràs trobar-hi des d'un gamelan javanés virtual fins a un mòdul de percussió africana.

1 Músiques del Classicisme

L'*estil musical clàssic* és el que es va desenvolupar en la segona meitat del segle XVIII al voltant de l'obra de tres grans compositors: Haydn, Mozart i Beethoven. No has de confondre aquest estil musical amb l'expressió *música clàssica,* que s'utilitza de manera genèrica per a diferenciar la música culta de la música popular.

La música del Classicisme destaca per la proporció, l'equilibri i la simetria. Observa i escolta l'exemple següent: es tracta del primer moviment de la *Simfonia núm. 40, en Sol menor,* de Mozart, la melodia de la qual de segur que coneixes.

Exemple 1

La melodia anterior està dividida en dues semifrases simètriques: 4 + 4 compassos. El ritme de les dues semifrases és idèntic. Però la simetria de la música clàssica no sols és melòdica i rítmica, sinó que també es dóna en l'harmonia. En l'exemple següent, pertanyent a la *Simfonia núm. 41 en Do major,* de Mozart, podem observar i escoltar com l'harmonia forma un eix completament simètric. A una meitat n'hi correspon una altra que sembla el reflex d'aquesta en un espill.

Per tant, podem resumir així les característiques musicals del Classicisme:

- La música clàssica es basa en un cert equilibri, proporció i simetria dels seus elements musicals: ritme, melodia, harmonia, etc.
- La melodia esdevé més comprensible i es memoritza millor, perquè està estructurada de manera més equilibrada. Podríem dir que es dóna una pregunta resposta melòdica amb el mateix nombre de compassos.
- L'harmonia esdevé més senzilla i la textura predominant és la melodia acompanyada.

1.1. Música vocal profana

El gènere vocal profà més important en el Classicisme continuarà sent l'òpera. Enfront dels temes mitològics i la música recarregada d'aquest gènere en l'època barroca, en el Classicisme sorgeix un nou tipus d'òpera que busca temes més pròxims a la gent del poble i una música més senzilla i intel·ligible per a tothom. Un exemple d'aquest canvi d'orientació en els arguments dels llibrets el tenim en l'òpera *Les noces de Fígaro*, de Mozart, que recrea els embolics amorosos entre dos criats, Fígaro i Susanna, i els seus senyors, els comtes.

A partir d'un gènere alemany anomenat *Singspiel* es desenvolupa una variant d'òpera anomenada bufa (enfront de l'òpera seriosa), que serà més popular i reeixida.

Figura 3.1.
Representació de *La flauta màgica*, una de les obres mestres de Mozart.

ACTIVITATS

1. **Ja al final de la seua vida, Mozart compon l'òpera *La flauta màgica* (Figura 3.1). Aquesta òpera conté una ària *(Reina de la nit)* coneguda dins del repertori operístic pel seu gran virtuosisme vocal. Contesta:**
   a) A quin tipus de veu correspon aquesta ària?
   b) Entra en la pàgina **http://www.kareol.es** i busca aquesta òpera. Fes una presentació amb un resum de l'argument, els personatges principals i un cartell d'aquesta òpera.

2. **Escolta un fragment del *Rèquiem* de Mozart titulat *Dies irae* ('El dia de la ira'). Mozart va morir abans de poder acabar aquest rèquiem. Esbrina qui va ser el compositor que el va acabar.**

1.2. Música vocal religiosa

Dins de la música vocal religiosa es continuaran component oratoris, com *La Creació*, de Haydn, i misses com la *Missa en Do menor*, de Mozart. Un tipus específic de missa és el rèquiem o missa de difunts, gènere que quedarà immortalitzat en el Classicisme amb el grandiós *Rèquiem en Re menor*, de Mozart.

SAPS QUE...

Un dels compositors més importants del Classicisme valencià va ser Vicente Martín i Soler (València, 1774-Sant Petersburg, 1806).

Lorenzo da Ponte va ser llibretista de diverses òperes de Mozart i de Vicente Martín i Soler.

DVD

Fragment de l'òpera *Les noces de Fígaro*.

Escena de la pel·lícula *X-Men 2*, que utilitza en la banda sonora el *Dies irae* del *Rèquiem* de Mozart.

1.3. Música instrumental

En la música instrumental del Classicisme sorgiran uns gèneres nous que seran bàsics per a entendre tota la música instrumental de períodes posteriors.

ACTIVITATS

5 3. **Escolta aquesta audició. Sabries distingir quants i quin tipus d'instruments hi toquen? A quina família pertanyen?**

Figura 3.2.
El quartet de corda està format per dos violins, una viola i un violoncel.

Acabes d'escoltar un dels gèneres instrumentals més importants del Classicisme: el **quartet de corda.**

Un element de la màxima importància en aquest període és el naixement d'una forma musical: la **forma sonata.** Aquesta forma estarà present en els primers moviments de quasi tota la música instrumental del Classicisme i dels períodes posteriors.

La forma sonata estructura una composició musical en tres parts:

EXPOSICIÓ	DESENVOLUPAMENT	REEXPOSICIÓ
2 temes principals	Transformació dels temes	2 temes principals una mica modificats

SAPS QUE...

En els concerts solistes hi ha parts, anomenades cadències, en què l'instrumentista es queda sol tocant i demostra la seua gran habilitat instrumental.

ACTIVITATS

6 4. **Escolta aquesta audició. Hi trobaràs dos fragments. Quina diferència observes entre ambdós?**

DVD

Fragment d'un concert per a piano i orquestra.

Deus haver observat que en el primer fragment sona un instrument solista i una orquestra, mentre que en el segon és tota l'orquestra la que toca sempre. En el primer cas, es tracta d'un **concert,** gènere que ja coneixes. En el segon fragment som davant d'una simfonia, gènere que es consolidarà en el Classicisme. A diferència del concert, que té tres moviments, la simfonia s'estructurarà en quatre moviments..

ACTIVITATS

7 5. **Associa cada un dels tres fragments d'aquesta audició amb els gèneres següents: quartet de corda, concert i simfonia.**

2 Auditori històric: el Classicisme

Dedicarem aquest apartat a escoltar les formes instrumentals més importants d'aquest període amb els seus tres grans compositors: **Haydn** (Figura 3.3), **Mozart** i **Beethoven.**

El **quartet de corda** sorgeix com a formació estable de la mà de **Haydn,** que va ser mestre de **Mozart.** A partir del Classicisme, la majoria dels grans compositors compondran música per a aquesta agrupació.

Figura 3.3.
F. Joseph Haydn (1732-1809).

ACTIVITATS

8 **6. Escolta i segueix la partitura del segon moviment del *Quartet op. 76, núm. 3 «Emperador»,* de Joseph Haydn (Figura 3.3). De segur que et sona, ja que és famós per haver estat adoptat com a himne per un país. Esbrina de quin país es tracta.**

Considerat com el geni del Classicisme, **Mozart** va cultivar tots els gèneres instrumentals, inclòs el **concert.**

ACTIVITATS

9 **7. Escolta un fragment de l'*adagio* d'un concert solista de Mozart. Contesta:**

a) Quin és l'instrument solista d'aquest concert?

b) De quin dels tres moviments es tracta?

DVD

Interpretació a càrrec d'un quartet de corda.

Igual que els seus dos predecessors, **Beethoven** va destacar en tots els gèneres, i especialment en la **simfonia.**

ACTIVITATS

10 **8. Escolta un fragment del segon moviment de la *Cinquena simfonia en Do menor opus 67,* de Beethoven. Observa com el compositor va desenvolupant, de manera magistral, tota la música a partir del motiu rítmic de tres corxeres i una blanca. Intenta seguir auditivament aquest motiu rítmic al llarg de l'audició.**

3 Interpretem música clàssica

La peça que interpretaràs en aquest apartat està basada en certs elements musicals derivats del Classicisme. El grup que t'acompanyarà és un quartet de corda, una de les formacions instrumentals més importants del període clàssic.

Mozartiada per a quartet de corda i flauta

Respecte al títol *Mozartiada per a quartet de corda i flauta,* «Mozartiada» és un petit senyal a la idea de fer música clàssica i una derivació del cognom d'un dels grans genis de la música de tots els temps: Wolfgang Amadeus Mozart (1756-1791).

D'altra banda, l'acompanyament d'aquesta peça està a càrrec d'un quartet de corda, gènere instrumental predilecte del Classicisme. Com que afegirem a aquest quartet una flauta, constituirem un *quintet,* formació també molt habitual del Classicisme.

Respecte a la forma de la peça, és ternària, amb una introducció breu de quatre compassos:

Introducció 4 compassos	: A 8 + 8 :	B (pont) 5 compassos	A 8 compassos

Figura 3.4.
Fotograma de la pel·lícula *Amadeus* (1984). Mozart va escriure la seua primera simfonia a set anys i la seua primera òpera a dotze.

El Classicisme, a diferència de períodes anteriors, va basar la seua música en una certa simetria i equilibri entre els seus elements: melodia, ritme, harmonia, etc. Així, és habitual que les frases musicals responguen a nombres parells (de 8 compassos, per exemple), o dividides en 4 + 4. No obstant això, els compositors van buscar altres maneres audaces de trencar aquesta simetria per donar encara més interés a la seua música, amb frases de 5 compassos o qualsevol altre nombre imparell. Però això s'explotaria principalment en el període següent: el Romanticisme.

Un dels temes principals del quart moviment de la *Novena simfonia* de **Beethoven** és l'*Oda a l'alegria*, també conegut com *Himne a l'alegria*. Aquest és el tema que interpretaràs en aquest apartat de la teua orquestra virtual, en una versió de pop simfònic.

Encara que la simfonia conté elements que són clarament romàntics, la melodia esmentada té una estructura clàssica.

DVD

Vídeo amb la interpretació de l'*Himne a l'alegria* feta per alumnes de secundària.

Himne a l'alegria

4 El món dels instruments: instruments en el Classicisme

El Classicisme és una època de gran desenvolupament de la música instrumental. El nou estil compositiu que sorgeix farà que caiguen en desús alguns instruments del Barroc, mentre que d'altres es perfeccionaran i en sorgiran també alguns de nous.

4.1. El piano

Figura 3.5.
Pianoforte del segle XVIII.

En el període del Classicisme sorgeix el que a partir d'aqueix moment serà el rei dels instruments de teclat: el piano.

Piano és una abreviatura de *pianoforte*, per la capacitat de l'instrument per a produir notes a distint volum segons la intensitat amb què es pressionen les tecles, a diferència del clavecí utilitzat fins a aqueix moment, que no tenia aquesta possibilitat.

El primer piano va ser fabricat entre els anys 1695 i 1700 per l'italià **Bartolomeo Cristofori** amb el nom de *gravicèmbalo col piano e forte* ('clavecí amb sons suaus i forts'). (Figura 3.5).

Dos grans compositors d'aquest període, Mozart i Beethoven, escriuran bells concerts per a aquest instrument nou.

ACTIVITATS

15 **9. Activitat d'audició: en aquesta audició escoltaràs tres fragments interpretats per un piano actual, un clavecí i un *pianoforte* de l'època clàssica. Sabries identificar en quin ordre sonen?**

4.2. L'orquestra en el Classicisme

La majoria dels instruments simfònics ja existien des del Barroc, però molts van canviar i es van adaptar als requeriments estilístics i de composició de l'època, com el fagot, l'oboé i el contrabaix.

En el Classicisme deixa d'utilitzar-se la tècnica del baix continu i en conseqüència deixa d'utilitzar-se el clavecí que, com havíem vist en la Unitat 2, s'utilitzava com a suport harmònic per a aquesta tècnica. Hi contribueix també el sorgiment del piano. Altres instruments com l'orgue, la flauta dolça i el llaüt també deixen d'utilitzar-se en l'orquestra.

Figura 3.6.
El clarinet apareixerà en el Classicisme.

En la família del vent sorgeix el clarinet (Figura 3.6), i **les flautes** travesseres i les trompes també assoleixen un gran protagonisme.

La plantilla orquestral augmenta i se situa entre quaranta i cinquanta músics. Comença a imposar-se la figura del director dirigint des del faristol (i no assegut des del clavecí, com en el Barroc).

5 El món dels instruments: baixos elèctrics

El baix elèctric és, juntament amb la bateria, l'instrument més important en un grup per a aconseguir una bona base ritmicoharmònica. Encara que el paper principal siga el d'acompanyar, hui en dia hi ha grans virtuosos d'aquest instrument que li han atorgat un paper ben important com a solista.

La diferència principal entre un baix elèctric i una guitarra elèctrica rau en les dimensions més grans del primer i en les cordes, més gruixudes. Pots fer una comparació gràfica entre un contrabaix i un violí: el gruix de les cordes i la dimensió varien considerablement. Un baix elèctric sol tenir quatre cordes (Figura 3.7), encara que ja són molt comuns els baixos de cinc cordes i de sis.

Per a obtenir les diferents notes, el pal d'un baix es divideix en trasts, vint en el baix més comú. També podem trobar un tipus de baix que no fa servir trasts i que produeix un so molt particular.

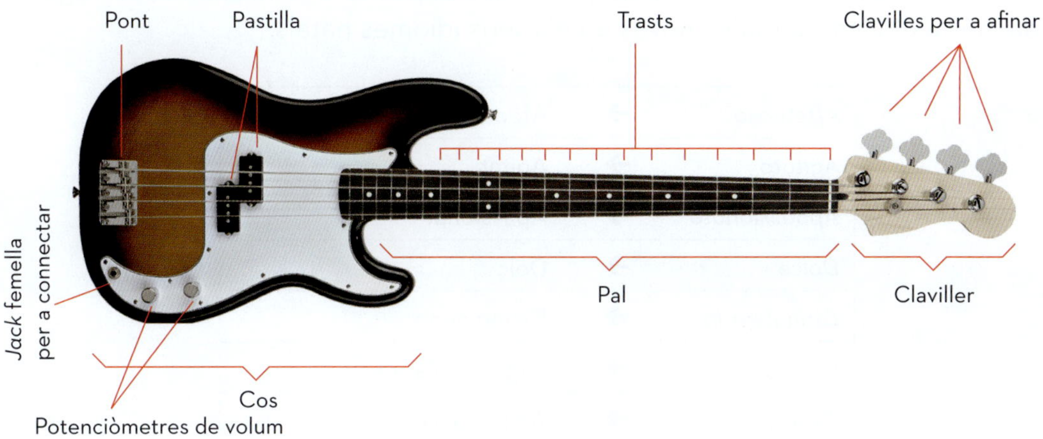

Figura 3.7.
Baix elèctric de quatre cordes i vint trasts.

5.1. Nom de les cordes

Les cordes d'un baix, tocades a l'aire (és a dir, sense tocar cap espai dins del pal), produeixen les notes *sol, re, la* i *mi* (Figura 3.8), des de la primera (la més prima) fins a la quarta (la més gruixuda).

Per a identificar qualsevol nota en el pal, n'hi haurà prou de saber el nom de la corda a l'aire, i cada vegada que avancem un trast haurem apujat un semitò. Així, en la 4a corda *(mi)*, si toquem en el primer trast (creu groga), sonarà la nota *fa* (Figura 3.9), i si toquem en el 2n trast (creu verda), sonarà la nota *fa* ♯, i així successivament.

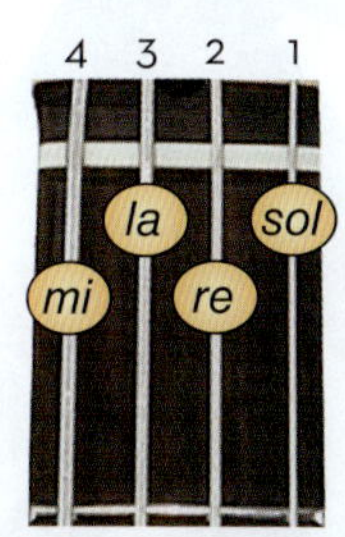

Figura 3.8.

Figura 3.9.

ACTIVITATS

10. Escolta la seqüència d'àudio següent, en què podràs percebre el so del baix en diferents modalitats d'interpretació: baix amb trasts, sense trasts i tècnica de *slap*.

6 Teoria musical: indicacions d'expressió i d'articulació

6.1. Les indicacions d'expressió

Si fores l'autor d'una peça musical o d'una cançó, segurament t'agradaria que s'interpretara amb un caràcter determinat. Les partitures, com saps, contenen gran quantitat de signes musicals, però a més incorporen una sèrie de termes d'expressió que s'afigen als que ja coneixes (dinàmica, *tempo*, etc.). Mitjançant aquests, l'autor intenta transmetre a l'intèrpret el caràcter que ha d'acompanyar aquesta música.

Igual que ocorre amb les indicacions de dinàmica o les de *tempo*, les indicacions d'expressió s'han reflectit tradicionalment a través de paraules italianes. En el quadre següent pots veure algunes de les indicacions més emprades. De totes maneres, la varietat és molt gran i els compositors tendeixen cada vegada més a utilitzar paraules noves en els seus idiomes natals.

RECORDA

En música, les indicacions de dinàmica (intensitat) es fan a través de l'abreviatura de paraules italianes com **forte** *(f)*, **piano** *(p)*, etc.

Affetuoso	→	Afectuós
Agitato	→	Agitat
Appassionato	→	Apassionat
Dolce	→	Dolç
Estinguendo	→	Extingint-se
Giocoso	→	Juganer, alegre
Gracioso	→	Amb gràcia
Maestoso	→	Majestuós
Scherzando	→	Joguetejant, bromejant

Les indicacions d'expressió són bastant obertes o subjectives, ja que un intèrpret pot tenir una idea d'una cosa apassionada diferent de la que puga tenir un altre. Això, en certa manera, és un avantatge més que un inconvenient, perquè permet que una obra sone diferent depenent de qui la toque o de qui la dirigisca. Així, cada versió pot aportar la vivència personal o els coneixements que té de la composició cada intèrpret.

ACTIVITATS

11. Escolta l'audició següent i assigna els termes de caràcter *apassionato, giocoso* i *agitato* a tres dels cinc fragments que hi ha. Justifica la teua resposta.

6.2. Les indicacions d'articulació

En les partitures trobaràs també símbols que indiquen la manera com han d'articular-se o de produir-se els sons en els instruments (o en la veu). S'indiquen també mitjançant termes italians. Com que moltes vegades afecten notes concretes i no tota la composició, cal fer servir uns signes gràfics determinats. Vegem-ne alguns dels més comuns:

- ***Staccato:*** es pot traduir com 'destacat', i també s'indica amb la paraula *picat*. S'indica amb un punt sobre la nota. Aquestes notes han de tocar-se curtes, reduint-ne la duració real.

Per a aconseguir una articulació en *staccato* reduirem el valor de les notes aproximadament a la meitat, i les interpretarem de la manera següent:

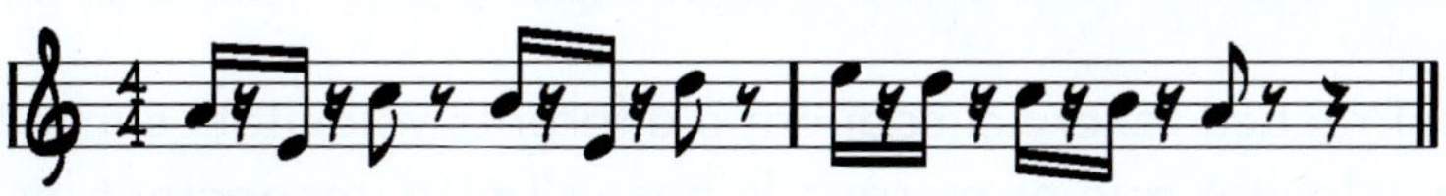

- **Accent:** quan col·loquem aquest signe, volem que la nota que el porta s'interprete amb més força o intenció; és a dir, accentuada. S'indica amb un angle menut sobre la nota.

- ***Legato:*** aquest terme es tradueix com a 'lligat'. S'aplica a dues notes o més que s'engloben mitjançant una lligadura, i indica que han de tocar-se molt unides, procurant que no hi haja interrupció del so entre si. En els instruments de vent s'aconsegueix sense deixar d'emetre aire en els canvis de nota, i en els de corda, fregant les cordes mitjançant un moviment continu de l'arc.

ACTIVITATS

12. Et proposem que jugues amb les articulacions. Interpreta amb la flauta el principi de la cançó *Frère Jacques,* tenint cura de les articulacions que s'indiquen a continuació. En primer lloc la interpretaràs sense indicació d'articulació i, a continuació, en *staccato* i *legato*.

Recorda que per al *legato* no has d'interrompre el flux d'aire mentre canvies de nota. En canvi, en el picat o *staccato* has de fer emissions curtes d'aire per a cada nota.

7 Escola de músics

7.1. Amb molt de ritme

En aquest apartat estudiarem la fórmula rítmica:

Aquesta fórmula consisteix en la substitució de la corxera per un silenci com en la fórmula que hem vist en la Unitat 2. Si per al silenci de corxera utilitzem la síl·laba *un* com hem vist en l'estudi del contratemps, la combinació queda:

Practica-ho en l'exercici següent tocant amb palmades i pronunciant al mateix temps les síl·labes:

Exercici 1. Practica l'exercici següent a diferents velocitats sense base i, finalment, a la velocitat que et marque la base rítmica, respectant les indicacions dinàmiques. Interpreta'l sobre els genolls, alternant mans.

Exercici 2. Practica l'exercici següent (amb palmades, bongos...) sobre la base rítmica gravada.

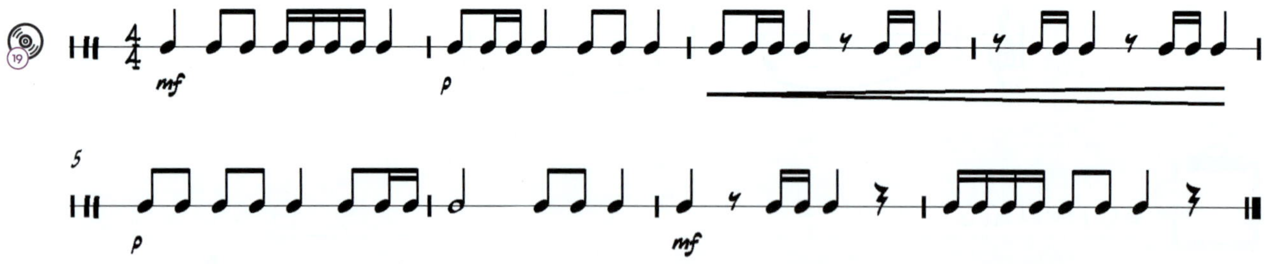

Exercici 3. Practica sobre els genolls o amb els bongos aquesta polirítmia amb la mà dreta i l'esquerra simultàniament. Escolta l'exercici amb els bongos i intenta tocar-lo al mateix temps.

7.2. Pràctica de làmines

L'exercici que tocaràs serà una escala de *Do* major, amb 4 negres, 8 corxeres i contratemps de corxera. Toca'l alternant mans, començant amb la dreta:

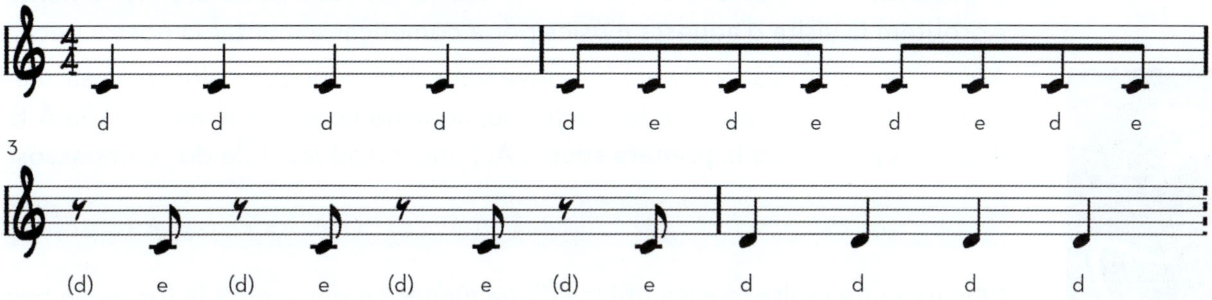

Quan arribes al *do* agut, repeteix l'exercici, però de manera descendent. Pots ampliar aquests exercicis tocant-los en compàs de 3/4 i de 2/4.

WEB DE RECURSOS

Mira el vídeo *Pràctica de làmines*.

7.3. Afinant

Exercici 1. En la unitat anterior hem fet un exercici senzill d'afinació a dues veus. Les notes que cantaven ambdues veus no eren dissonants en cap moment, la qual cosa facilitava l'entonació. Sobre la mateixa base musical, ara farem un altre exercici, però aquesta vegada les veus creen dissonàncies en uns moments determinats, bé entre si o bé amb les notes de l'acompanyament, per la qual cosa hauràs de concentrar-te una mica més per no perdre l'afinació.

RECORDA

Parlem de ***dissonància*** en música quan dues notes o més creen tensió sonora, i de ***consonància*** quan la sensació és de relaxació.

Exercici 2. En l'exercici següent ampliem l'àmbit melòdic, introduint la nota *si* bemoll. Intenta mantenir el so en les redones. Recorda les indicacions de repetició amb les caselles de 1a i 2a.

8 Músiques del món: la música d'Oceania

Aquesta vegada, s'han reunit per tocar amb tu músics de diferents zones d'Oceania, i han portat per a la interpretació els seus peculiars instruments. Aprofitem la visita d'aquests músics per a començar a muntar la nostra peça.

Abans de començar a tocar, és convenient que conegues alguna cosa més sobre la peça. Així, pel que fa a la *forma,* aquesta composició és ternària A-B-A, amb repetició de la primera secció A, i una introducció de dos compassos:

Intro	: A :	B	A

Observa que molta música utilitza d'una manera o d'una altra la forma en tres seccions, amb el contrast en la secció intermèdia.

Quant a la **instrumentació,** la peça que interpretaràs utilitza instruments de les tres zones principals d'Oceania: percussió maori, el didgeridú (Figura 3.10) australià i percussió melòdica de gamelan, conjunt instrumental indonesi compost per metal·lòfon, xilòfon, tambors i gongs. Els instruments es reparteixen de la manera següent:

Figura 3.10.
Didgeridú.

A (percussió maori + didgeridú) **B** *(gamelan)*

Sound Natura

Música: J. A. Alajarín

ACTIVITATS

13. **Escolta la composició *Sekati,* en la qual trobem una peça típica d'acompanyament d'un gamelan a una obra de teatre d'ombres de Bali.**

9 A duo

Aquesta vegada interpretareu a dues veus una cançó tradicional d'Ucraïna que va associada a una dansa per parelles molt popular en aquesta zona.

Observa que en l'armadura de la partitura figura un *si* bemoll, que indica que totes les notes *si* de la partitura són bemolls.

26

Kazatxok

Popular d'Ucraïna
Adaptació: Miguel Á. López

Figura 3.11.

Dansa popular ucraïnesa.

10 Auditori modern: el *heavy metal*

Figura 3.12.
Judas Priest (una de les bandes més influents en el *heavy metal*) van popularitzar el *look* del cuir i les tatxes.

Figura 3.13.
Metallica en concert.

Si hi ha cap expressió d'un estil musical que de segur has escoltat alguna vegada, aqueixa és la de *heavy metal*. El *heavy metal* (traduït com a 'metall pesant') té l'antecedent més directe en el *rock* dur (també anomenat *hard* o *heavy*), el qual tindria els seus principals referents en Led Zeppelin i Deep Purple. Aquests, els seguirien altres com Black Sabbath, amb el seu carismàtic cantant Ozzy Osbourne, o Withesnake. Del *heavy rock* es va passar al *heavy metal*, i es va establir un dels vessants musicals més ferms de la història, potser l'únic que va arribar fins a les acaballes del segle XX.

Un dels primers grups *heavy* que van gaudir de gran èxit al Regne Unit en la dècada dels setanta (i posteriors) va ser AC/DC, encara que el *heavy* no va estar de moda fins que es van formar grups locals com Iron Maiden, Motorhead, Judas Priest (Figura 3.12), etc. A Espanya destaquen Barón Rojo i Obús.

A Los Angeles, l'explosió «metall» va començar amb Mötley Crüe. Els americans Van Halen, Def Leppard o Metallica (Figura 3.13) organitzaven concerts multitudinaris i venien milions de còpies dels seus àlbums. Així, *Pyromania* (1983) i *Hysteria* (1988), de Def Leppard, que va vendre uns trenta milions de discos a tot el món.

A mitjan anys huitanta es va observar un fenomen curiós: el de les balades *heavy*. Molts grups aconseguirien grans èxits cantant temes lents. Encara que aquest fet fóra anecdòtic, va servir perquè grups com Scorpions assoliren nous èxits.

A la fi de la dècada dels huitanta i l'inici dels noranta, el *heavy metal* va produir derivacions a altres estils: *trash metal* (Ministry, Venom), *death metal* (Slayer) o *gothic* (The Cult). Encara que de totes aquestes variants, l'estil més important serà el *grunge*.

També la creativitat de cantants com Marilyn Manson ha continuat demostrant que aquest estil segueix viu i no s'extingirà fàcilment.

DVD

Fragment d'un concert del grup AC/DC en directe.

SAPS QUE...

El bateria de Def Leppard va perdre un braç en un accident i, lluny de deixar de tocar en el grup, es va fer fabricar una bateria adaptada. Va continuar tocant amb un sol braç.

ACTIVITATS

14. Escolta en el teu CD una selecció de fragments d'alguns temes emblemàtics dins de l'estil *heavy metal*: (27)

a) AC/DC: *Back in black.*

b) Van Halen: *Runaround.*

c) Def Leppard: *Photograph.*

d) Metallica: *Master of puppets.*

Contextos musicals

Músiques clàssiques	Elements musicals	• **Equilibri** i **simetria** musical (ritme, melodia i harmonia). • **Melodia més comprensible.** • **Harmonia** més **senzilla,** basada en els puntals de tònica i dominant. Predomini de la **textura de melodia acompanyada.**
	Música vocal	• El gènere més important continua sent l'**òpera.** • Els temes utilitzats en l'òpera comencen a contar **històries més quotidianes.** • Encara que perd protagonisme, en la **música vocal religiosa** trobem obres importants com el ***Rèquiem en Re m*** (missa de difunts) de Mozart.
	Música instrumental	• Els **gèneres** principals són la sonata, el quartet de corda, el concert solista i la simfonia. • La forma musical principal és la **forma sonata.** • El concert es diferencia de la simfonia perquè té tres moviments i és una obra per a solista i orquestra.

Llenguatge i creació

- En una partitura podem trobar **indicacions d'expressió** amb paraules italianes, com *maestoso, scherzando,* etc.
- Les **indicacions d'articulació** ens indiquen com produir els sons amb un instrument o amb la veu.

Escolta

- **El món dels instruments: instruments del Classicisme**
  Bartolomeo Cristofori fabrica el primer piano. Apareixen instruments nous en l'orquestra, com el clarinet, i en desapareixen d'altres, com el clavecí o l'orgue.
- **El món dels instruments: baixos elèctrics**
  El **baix elèctric** té com a funció principal el sosteniment ritmicoharmònic de les cançons. El més típic és el de quatre cordes amb trasts.
- **Auditori històric: el Classicisme**
  El **quartet de corda** consta de dos violins, una viola i un violoncel, i sorgeix sota el guiatge de Haydn.
- **Auditori modern: el *heavy metal***
  El *heavy metal* és un estil musical que sorgeix a partir del *rock* dur de grups com Deep Purple o Led Zeppelin, i es consolida com a estil en els anys setanta amb grups com AC/DC.

Interpretació

- La música d'Oceania utilitza instruments de diferents zones geogràfiques: 1. Percussió maori; 2. Didgeridú australià; 3. Gamelan indonesi.

ACTIVITATS FINALS

1. **Què aporta el Classicisme al gènere de l'òpera? Anomena dues òperes d'aquest període, amb el seu compositor corresponent.**

2. **Explica els conceptes següents:**
   - Pianoforte
   - Forma sonata
   - Simfonia
   - Rèquiem

3. **Quantes cordes pot tenir un baix elèctric? Quin és el més utilitzat? Indica quines notes sonen en cada un dels nombres indicats en la imatge. Tin en compte que la corda superior de la imatge és la més aguda.**

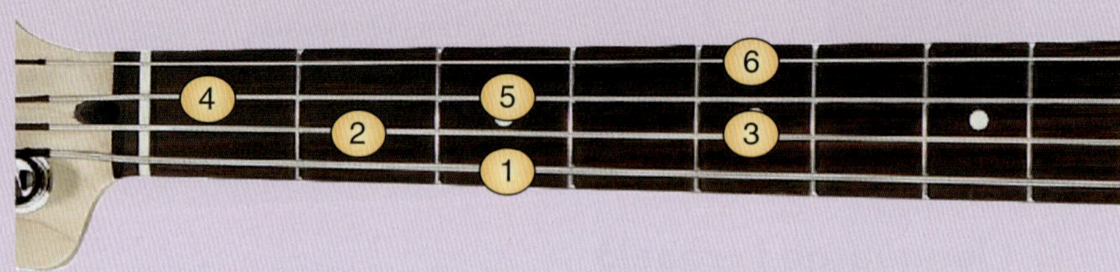

4. **Anomena els tres grans músics del Classicisme i digues a quin pertany cada una de les obres següents.**
   - *Petita serenata nocturna en Sol M.*
   - *Oda a l'alegria (Simfonia núm. 9 en Re m).*
   - *Rèquiem en Re m.*
   - *La creació.*
   - Quartet «Emperador».

5. **Què és el gamelan? Esmenta, almenys, dues curiositats sobre el didgeridú. Pots fer servir Internet.**

6. **Observa el fragment musical següent i justifica per què el seu estil és clàssic.**

7. Llig els fragments següents de dues cartes de Mozart a son pare i respon a les preguntes següents:

- Quina situació descriu cada una de les cartes?
- Quin tipus de vida, respecte al seu treball, li hauria agradat portar, a Mozart? Creus que ho va aconseguir?
- Com va ser la relació de Mozart amb els seus «caps»? Creus que l'actitud de Mozart va ser un dels motius pels quals va morir en la misèria a pesar de ser un gran compositor?

Fragment d'una carta de Mozart a son pare (París, 31 de juliol de 1778)

Així doncs, la meua intenció, des d'ara, és la de fer tot el que es puga per a tirar avant ací amb els meus alumnes, i guanyar com més diners millor [...]. Ara ho faré amb la dolça esperança d'un canvi d'existència; perquè no vull enganyar-vos en això, al contrari, us confesse que m'alegraré de veure'm alliberat de tot això.

I és que no és gens agradable fer lliçons ací [...]. És bastant fatigós, i si no se'n fan prou no s'aconsegueixen molts diners. No penseu que es tracta de peresa [...] No! [...] És que és una cosa totalment oposada al meu geni, a la meua manera de viure [...]. Vós sabeu que estic, per dir-ho així, totalment submergit en la *musique* [...], que no faig cap altra cosa tot el dia [...], que m'agrada pensar-hi, estudiar-la [...], lliurar-m'hi de ple [...]. Doncs bé, el tipus de vida que porte ací m'impedeix fer-ho.

Fragment d'una carta de Mozart a son pare (Viena, 9 de maig de 1781)

Ja no tinc la desgràcia d'estar al servei del sobirà de Salzburg [...]. Hui ha estat un dia de felicitat per a mi.

M'ha dit canalla, pollós, cretí... Oh!, no podria contar-vos-ho tot. Per fi, com que la sang ja em bullia massa, li vaig dir: «Llavors, sa altesa no està content amb mi?». «Com! Vol amenaçar-me aquest cretí? Ací hi ha la porta! Amb un bergant com aquest no vull tornar a tenir res a veure!» [...] Per acabar, vaig tornar a intervenir: «I jo amb vós tampoc!». «Llavors, fora!». I jo, en retirar-me: «Com que hem quedat així, demà rebrà la meua dimissió per escrit».

8. Investiga en Internet:

a) A quina edat va compondre Mozart la seua primera simfonia?

b) Per a quin príncep va treballar el compositor Joseph Haydn?

c) Quina simfonia de Beethoven s'ha anomenat «Pastoral»? Per què?

Pàgines web recomanades:

www.melomanos.com **www.epdlp.com**

4 BANDES I DOLÇAINES

Saps que són les *albaes*?

Has sentit el so d'una dolçaina? Quin instrument et recorda?

Hi ha una banda de música en la teua població?

Saps què és una escala major?

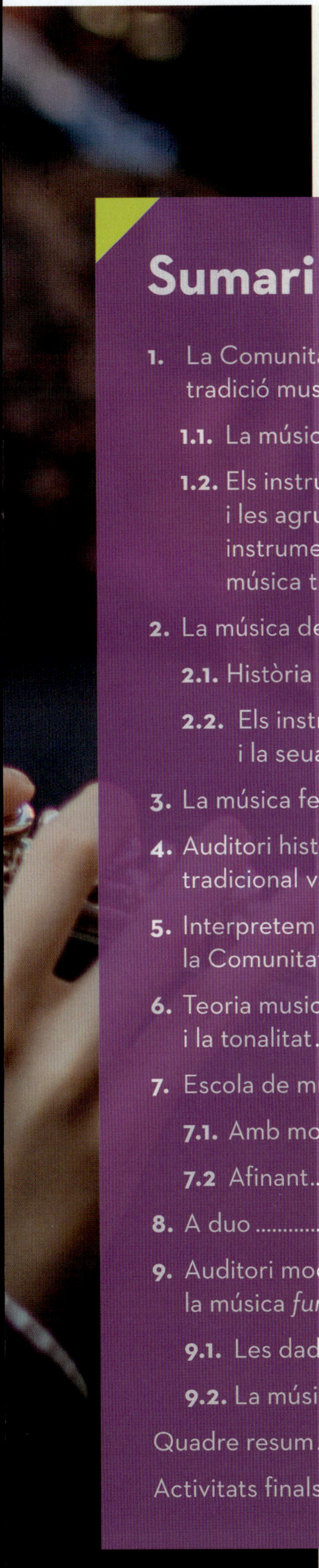

Sumari

Un CD

Metalls d'estil.* Spanish Brass i Pep Gimeno, *Botifarra

Fusiona la música de cambra amb el *jazz,* la música tradicional valenciana i el cant d'estil de Pep Gimeno, *Botifarra,* amb la participació dels arranjaments musicals de Ramon Cardo.

Una Web

http://escoladedansesxativa.com

Web atractiva amb elements abundants del folklore tradicional de la Comunitat Valenciana, vídeos, referències, etc., d'una de les escoles de dansa referent dels balls i dels cants populars de la geografia valenciana.

Una fonoteca

Fonoteca del CIBM «Ciutat de València»

El Certamen Internacional de Bandes de Música «Ciutat de València» fa més de 125 anys que contribueix a difondre la música de banda. En la seua fonoteca pots escoltar les gravacions de les bandes participants en les diferents edicions.

http://fonoteca.cibm-valencia.com

Figura 4.1.
Dolçaina.

1 La Comunitat Valenciana, tradició musical

1.1. La música tradicional

La Comunitat Valenciana té un gran patrimoni musical basat en cants i danses que s'han utilitzat en nombroses i diverses ocasions. Hi distingirem els destinats a cerimònies religioses i civils dels que tenen com a finalitat l'entreteniment.

A continuació, t'oferim una classificació general de la música tradicional basada en cançons i danses.

Las **cançons** anomenades **cants de ronda** tenen el carrer com a escenari i responen a objectius concrets: busquen lloar o criticar situacions o persones. En aquest apartat distingim entre:

Figura 4.2.
Cantant *albaes*.

- El **cant d'estil,** que és un cant acompanyat bàsicament per instruments de corda (guitarra i guitarró) que es caracteritza per la improvisació de la veu sobre un ritme ternari que crea un efecte de contrast.
- Les ***albaes,*** que són cants acompanyats per la dolçaina i el tabal, utilitzats les vespres de festa, a l'alba. La interpretació és a càrrec de dos *cantaors* que comencen i acaben la corranda, respectivament.

Altres cants *a cappella* habituals són *els cants de batre* (cançons de faena), les cançons infantils (per a acompanyar el *les*), les cançons de bressol i els cants religiosos i litúrgics (salves, gojos, himnes).

Figura 4.3.
Pep Gimeno, *Botifarra, cantaor* de Xàtiva que destaca per la seua gran tasca en la recuperació del folklore valencià.

ACTIVITATS

28

1. **Escolta la jota de quintos de Llanera coneguda com *Les xiques d'este poble*, pertanyent al cant d'estil:**
   - Quina n'és la temàtica?
   - Quins instruments acompanyen la veu?
2. **En quin moment s'interpreten les *albaes*? Quins instruments acompanyen les veus?**

Les **danses** estan presents en les diferents cerimònies religioses (danses del Corpus) i civils (festes populars). De totes les que hi ha, *jotes, seguidilles, malaguenyes* i *fandangos,* en destacarem:

- El bolero: a l'origen va ser una dansa cortesana; per aquest motiu té un caràcter elegant i acostuma a ser cadenciós.
- Les *dansaes:* instrumental amb dolçaina, tabal i castanyoles o amb rondalla. Són participatives i les més populars i esteses a les tres províncies.

Altres danses que cal destacar són la *dansa dels gegants i els nanos, la de la Moma, la de les vetes, la dels cavallets, la dels arquets, la dels turcs...* totes presents en la festa del Corpus i molt representatives de la província de València. A Castelló destaquen el bolero i les marineries, mentre que a la província castellonenca ho fan el ball pla, el cap de dansa a les Useres i la dansa guerrera de la Todolella. A Alacant podem trobar, entre altres, la jota *rodà,* la jota de quintos i el ball de l'u.

Figura 4.4.
Dansa de la carxofa o de la magrana, també coneguda com dansa de teixidors, de vetes o de gitanetes. S'executa al voltant d'un pal coronat per una figura amb forma de carxofa o de magrana. De la base en pengen cintes de colors que els dansadors trenen i destrenen. Quan s'acaba el ball, la figura s'obri.

Figura 4.5.
Detall del quadre de Gabriel Puig Roda que representa el ball dels llauradors, dansa semblant a la jota. El quadre està en el Museu de Belles Arts de Castelló de la Plana.

ACTIVITATS

3. **Cerca en el teu navegador d'Internet la dansa guerrera de la Todolella (Castelló), constituïda per diverses coreografies que acaben amb aquest ball d'espases, l'origen del qual es remunta al segle XV.**
   - És un tipus de dansa civil o religiosa?
   - Quins instruments acompanyen la dansa?

Figura 4.6.

El flabiol és un instrument que està present a la nostra Comunitat des del segle XIII. Actualment es va recuperant per a l'educació musical escolar.

1.2. Els instruments i les agrupacions instrumentals de la música tradicional

Les cançons i les danses s'acompanyen d'instruments populars, com ara:

Dolçaina. És un instrument de vent de fusta de llengüeta doble, tradicional de la cultura valenciana i d'origen àrab. També es coneix com a xeremia o xirimita a Alacant, o gaita a Morella (Castelló).

Tabal. Instrument de percussió membranòfon i d'afinació indeterminada que està molt connectat amb la dolçaina. Té dues membranes o pells; la superior, anomenada batidor, és més gruixuda i la inferior es denomina bordoner. La que es percudeix amb les baquetes és la superior.

Castanyetes, castanyoles o postisses. Instrument idiòfon amb forma de castanya que acostumen a utilitzar els balladors de danses tradicionals.

Un tipus d'agrupació típica de la Comunitat Valenciana és la **rondalla**. La rondalla és un conjunt d'instruments de corda pinçada amb la funció principal d'acompanyar el cant. Està composta pel llaüt, la bandúrria, la guitarra, el guitarró i les castanyoles. Té representació especialment a Catalunya, a Aragó, a Múrcia i a la Comunitat Valenciana.

Figura 4.7.

Rondalla de l'escola El Capricho.

SAPS QUE...

L'ensenyament de la música tradicional està present en l'ensenyament reglat per mitjà dels conservatoris de música.

ACTIVITATS

29

4. Escolta les audicions següents i indica en quin ordre figuren els instruments o agrupacions: *dolçaina i tabal / flabiol i castanyoles / rondalla.*

2 La música de banda

2.1. Història i tradició

L'origen de les agrupacions instrumentals es remunta a les organitzacions militars romanes i a diferents agrupacions de ministrers al llarg de la història, formacions que, en molts casos, estaven compostes per instruments de vent i de percussió que participaven tant en desfilades processionals civils i religioses com en actes de carrer. L'origen militar i l'evolució de la societat van contribuir al naixement de les bandes en el segle XIX.

Figura 4.8.
Romà tocant un *cornu* (corn).

Figura 4.9.
Banda Municipal de Música de València al Palau de la Música. Autora: © Eva Ripoll Mont.

La Comunitat Valenciana és rica en bandes de música gràcies a la tradició musical i festera de les tres províncies: Alacant, Castelló i València. Les bandes interpreten la seua música en concerts i acompanyant desfilades, cercaviles i processons.

Les bandes de música van exercir un paper molt important en èpoques en què eren els únics transmissors en directe de la música del moment, ja que no hi havia televisió ni altres mitjans de reproducció a casa. La música que s'escoltava en la ràdio arribava als balls de les places dels pobles a través de les bandes.

ACTIVITATS

30

5. **A continuació, escoltaràs un fragment d'un pasdoble típicament de banda, *Pepita Greus*, de Pasqual Pérez Choví.**

   Sabries dir quin instrument intervé com a solista en el trio del pasdoble? Raona la resposta.

2.2. Els instruments i la seua distribució

La banda de música està composta per instruments de vent de fusta, de vent de metall i de percussió. Altres instruments, com el violoncel, el contrabaix, el piano i l'arpa, estan presents en les **bandes de concert** o **bandes simfòniques.**

Les bandes de música interpreten peces originalment escrites per a aquest tipus d'agrupacions, però en el seu repertori també hi ha peces procedents de composicions orquestrals que inclouen des de peces simfòniques de diferents èpoques fins a música de cine, adaptades a un format anomenat transcripcions musicals per a banda.

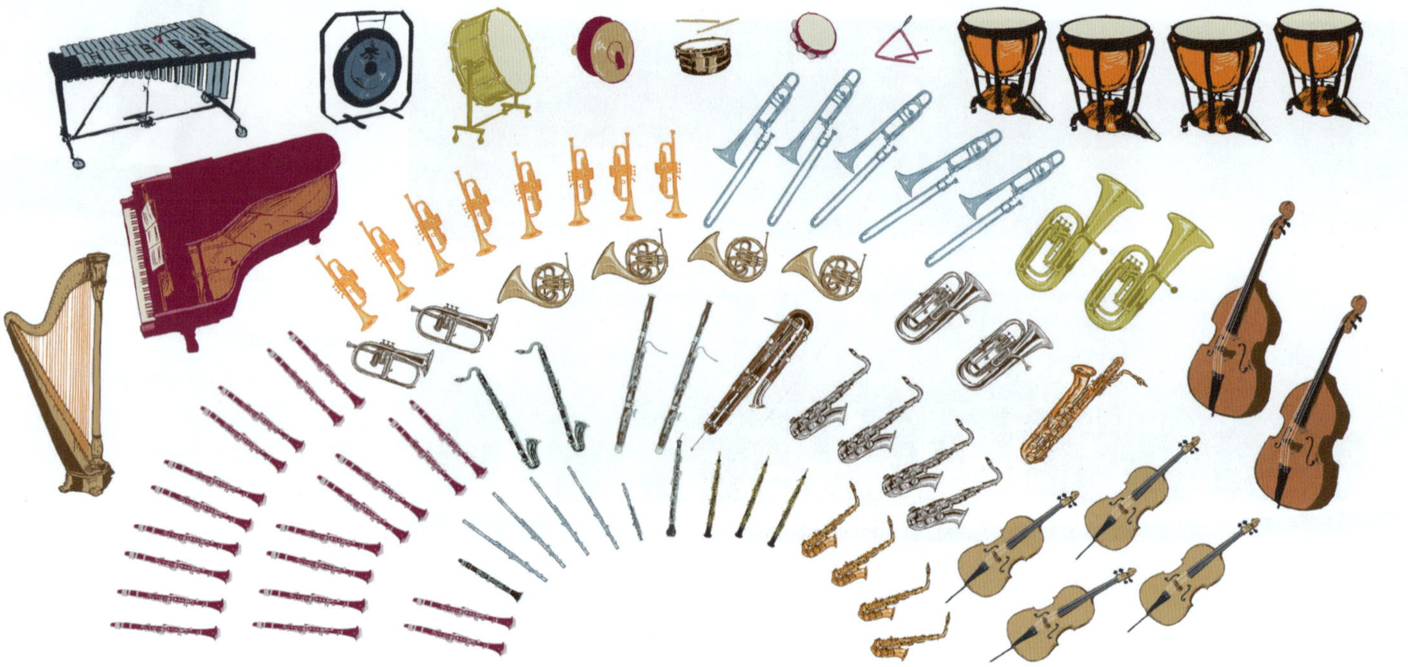

Figura 4.10.
Distribució dels instruments en la banda simfònica.

SAPS QUE...

Actualment, a la Comunitat Valenciana, hi ha grans compositors reconeguts a escala internacional que han escrit música per a banda: Ferrer Ferran, Francisco Zacarés, Óscar Navarro, Andrés Valero, etc. I també concursos de composició de música per a banda: concursos de pasdobles, de música festera i de música simfònica.

ACTIVITATS

31

6. A continuació, escoltaràs un fragment de la mateixa obra interpretada per una orquestra simfònica i per una banda simfònica. Sabries dir a quina figura correspon cada fragment? Raona-ho.

Figura 4.11.
Banda en concert.

Figura 4.12.
Orquestra en concert.

3 La música festera

La música festera és la que s'interpreta en les festes, en els actes tradicionals i populars de la Comunitat Valenciana: desfilades, processons, romeries, etc. Hi destaquen les festes de la Magdalena a Castelló, les Falles a la ciutat i a la província de València, les Fogueres d'Alacant i les festes de Moros i Cristians. La música que s'interpreta en les festes, tant de banda com tradicional, hi aporta caràcter i esplendor per mitjà d'un ric repertori.

Les composicions de música festera presenten ritmes adaptats a les característiques de la desfilada. Per exemple, les marxes mores tenen un ritme més lent que les marxes cristianes i els pasdobles.

Figura 4.13.
Desfilada de gaiates a Castelló de la Plana, on s'interpreta el pasdoble *Rotllo i canya*.

ACTIVITATS

32

7. Escolta tres fragments musicals pertanyents a una marxa mora, una marxa cristiana i un pasdoble. Identifica quin és cada un i relaciona'ls amb una de les imatges següents.

a)

b)

c)

SAPS QUE...

Actualment, algunes marxes cristianes i mores han inclòs instruments populars, com la dolçaina.

SAPS QUE...

Alguns autors de música per a banda han incorporat melodies tradicionals en les seues composicions: pasdobles, marxes, rapsòdies, poemes simfònics, etc.

4 Auditori històric: música tradicional valenciana

Ja deus haver comprovat que la música tradicional valenciana és realment rica i variada. En aquest auditori històric valencià escoltaràs una obra simfònica que es va fer molt popular arran d'haver-la transcrit per a banda de música. És un poema simfònic que recull molts dels elements presentats en la unitat.

L'obra *Es xopà hasta la Moma,* de Salvador Giner, és un exemple ben clar de poema simfònic i de la música descriptiva, basat en la popular processó del Corpus de València interrompuda per una tempesta, que fa que el personatge popular de la Moma acabe «ben mullada» (Fig. 4.15).

Figura 4.14.
Salvador Giner i Vidal (1832-1911). Compositor i pedagog musical valencià. S'inspirà en obres programàtiques de Berlioz i de Saint-Saëns per a compondre poemes simfònics basats en temes valencians. Aquesta recuperació de la cultura i de la personalitat valencianes està molt vinculada al moviment de la Renaixença.

ACTIVITATS

33

8. Escolta amb atenció aquesta obra. Amb l'ajuda del professor/a podràs identificar els elements tradicionals que hi van eixint successivament:

- Eixida de la processó des de la catedral de València. Sonen les campanes. 00:00
- Agitació i murmuri general. 00:37
- La dansa dels nanos. Sona la tonada interpretada per les castanyoles, la dolçaina/oboé i el tabal/caixa. 00:50

- Passen els gegants. Sona l'orquestra. 01:49
- Veus dels xiquets dels hospicis. Sona el vals. 02:56
- El cel s'ennuvola i anuncia la tempesta. 04:13
- El xàfec creix. S'hi aprecia, fins i tot, el repic de les gotes ben grosses; en fi, que *Es xopà hasta la Moma.* 04:27
- El xàfec para i el cel es fa ras, llavors es reprén la processó. 05:20
- Torna a sonar la dansa dels nanos i la melodia típica de la dolçaina. 05:44
- Sona una marxa majestuosa. 06:20
- Els sacerdots que porten la custòdia entonen el *Pange lingua.* 06:51
- La processó arriba al temple. Sonen canonades de salva, la marxa reial, les dolçaines toquen el *Sacris solemnis*, sonen campanes, acords d'orgue i el roglet (roda de campanetes), que es precipita fent voltes. 07:30

Figura 4.15.
Dansa de la Moma. És una dansa popular valenciana en què huit balladors representen la lluita entre la virtut (moma) i els set pecats capitals (moms). La música és senzilla, en compàs de 3/4, i la interpretació és a càrrec de la dolçaina i del tabalet.

5 Interpretem música de la Comunitat Valenciana

Una nit d'albaes

Poema simfònic del compositor valencià Salvador Giner.

L'obra conta la història d'Angeleta (la de la Panera), a què diferents rondalles proven de conquistar.

La disputa acaba en una baralla durant la qual els contrincants es trenquen les bandúrries al cap.

ACTIVITATS

(34) **9. Escolta un fragment del poema simfònic *Una nit d'albaes*, de Salvador Giner, i interpreta'n amb la flauta la melodia principal.**

En aquesta melodia pots apreciar el compàs de 6/8 amb la fórmula rítmica de negra/corxera que està present en tot el desenvolupament. També pots observar l'anacrusi a l'inici de la fórmula.

(35) (36)

Una nit d'albaes

Música: S. GINER VIDAL

Arranjament i adaptació: J. PALAZÓN

SAPS QUE...

Partitura original de la *Marxa de la ciutat*, de l'òpera *La filla del rei barbut*. Aquesta òpera va ser composta el 1943 per Matilde Salvador, amb el llibret de Manuel Segarra basat en el Tombatossals de Josep Pasqual i Tirado, referent popular de la mitologia castellonenca.

SAPS QUE...

Quan una nota o un grup de notes se situen abans del primer temps fort d'una frase musical s'anomena **anacrusi.**

Figura 4.16.
Partitura original del pasdoble *Paquito, el Chocolatero*, composta per Gustavo Pascual Falcó i la seua dedicatòria a Francisco Pérez Molina, conegut com a *Paquito*. El sobrenom d'*el Chocolatero* li venia de l'ofici dels pares, que venien xocolate. Va nàixer a Cocentaina (Alacant) el 1905.

Paquito, el Chocolatero, de Gustavo Pascual Falcó

Ara interpretaràs, acompanyat per una banda de música, un dels pasdobles més difosos del repertori musical valencià.

El pasdoble reflecteix l'essència i l'alegria d'un món fantàstic en què cada any se submergeixen les festes de Moros i Cristians. Conegut internacionalment, és una de les peces que més beneficis genera per drets d'autor.

37 38

Paquito, el Chocolatero

(pasdoble)

G. P. Falcó

6 Teoria musical: les escales i la tonalitat

Potser el terme *tonalitat* et semble estrany, però de segur que les frases següents et seran familiars: «L'orquestra va interpretar la Simfonia núm. 5 en *Do* menor». «Per favor, apuja la cançó de to perquè queda baixa per a la meua veu. Crec que en *Sol* major quedarà millor».

Expressions com «en *Do* menor» o «en *Sol* major» tenen relació directa amb el concepte de tonalitat i fan referència al to en què està composta una peça musical. Però què vol dir que una simfonia (o una cançó qualsevol) està en el to de *Sol* major? Significa, en primer lloc, que els sons en què s'ha basat la composició són els de l'escala de *Sol* major.

Vegem com es construeix una escala major. Recorda que, perquè una escala sone major, ha de tenir les distàncies de semitons entre les posicions III-IV i VII-VIII. Comparem l'escala de *Do M* amb l'escala de *Sol*.

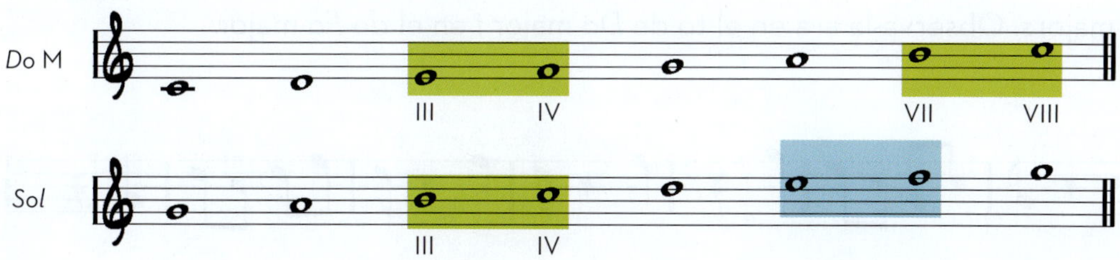

Com pots observar, l'escala de *Sol* no compleix el requisit per a ser major, ja que el seu segon semitò *(mi-fa)* no està en la posició adequada. Perquè el complisca haurem de col·locar el semitò en el lloc correcte, i això ho aconseguirem utilitzant alteracions. Observa:

Què ha ocorregut? En alterar la nota *fa* amb un sostingut hem aconseguit que la distància de semitò quede en la posició correcta. Analitza-ho:

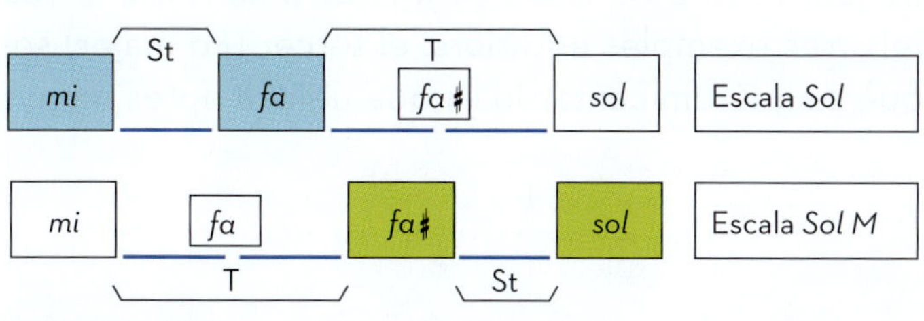

Figura 4.17.
Alteracions en l'escala de *Sol*.

RECORDA

Entre totes les notes naturals hi ha un to menys entre *mi-fa* i *si-do*, entre les quals hi ha mig to.

ACTIVITATS

10. Construeix l'escala de *Fa* major seguint el mateix procés que hem fet per a la de *Sol*.

D'aquesta manera podem construir escales majors sobre cada una de les notes que coneixem i així obtindrem les de *Re* major, *Mi* major, etc. La sonoritat de totes és major perquè tenen la mateixa posició dels seus tons i semitons i, per tant, només es diferencien perquè unes són més agudes o més greus que les altres. Així, una mateixa cançó es pot tocar amb diverses escales majors, per a fer-la més greu o més aguda.

En l'exemple següent pots veure l'inici de la coneguda obra de Mozart *Petita serenata nocturna*. Per a escriure-la, el genial compositor va triar el to de *Sol major*. Observa com comença amb la nota *sol* i també l'armadura que indica que la nota *fa* és sostinguda, com ja hem vist quan hem construït aquesta escala.

Podríem interpretar aquesta melodia en diversos tons utilitzant altres escales majors. Observa-la ara en el to de *Do* major i en el de *Fa* major.

Do M

Fa M

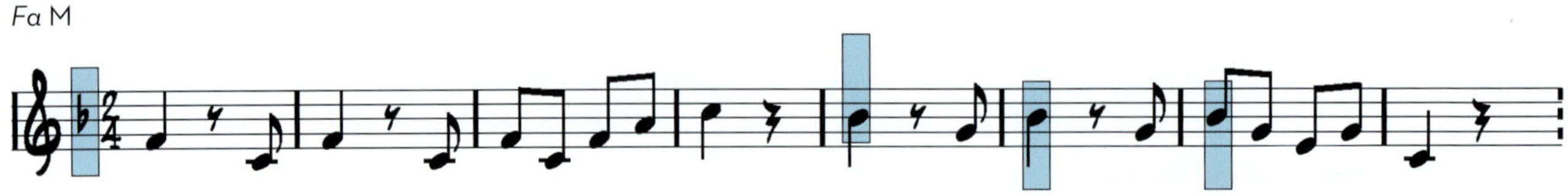

Observa que, en el to de *Fa* major, la nota *si* sempre ha de ser bemoll, com indica l'armadura, mentre que en el to de *Do* major no hi ha cap nota alterada.

En música, a aquest procés, mitjançant el qual podem escriure la mateixa cançó en diversos tons diferents s'anomena **transport** o **transposició.** És molt útil, ja que ens permet adequar l'altura de la cançó a l'instrument o a la veu que l'haja d'interpretar. Dels tres exemples anteriors, el tercer (*Fa* major) seria el més assequible perquè poguérem cantar-lo, ja que utilitza notes menys agudes que els altres.

ACTIVITATS

11. Escolta els tres fragments anteriors, però ara desordenats. Intenta endevinar el to de cada un. Pots utilitzar la flauta per a ajudar-te.

7 Escola de músics

7.1. Amb molt de ritme

En aquesta unitat repassarem les fórmules rítmiques vistes en les unitats anteriors. Aquests exercicis requereixen, per tant, una preparació més alta, ja que mesclen diverses fórmules al mateix temps. Si cal, torna a mirar les unitats anteriors per a repassar les que no recordes bé.

40 **Exercici 1.** Practica l'exercici següent a diferents velocitats sense base i, finalment, a la velocitat que et marque la base rítmica. Interpreta'l sobre els genolls i alternant-hi les mans per a les semicorxeres.

41 **Exercici 2.** Practica l'exercici següent (sobre la taula o els genolls, amb bongos...) sobre la base rítmica gravada. Observa que està en compàs ternari.

42 **Exercici 3.** Practica el ritme següent a dues veus en dos plans diferents (palmades i genolls). Quan l'hages practicat, pots intentar fer-lo amb els companys en cànon, començant amb un compàs de diferència.

7.2. Afinant

En la lectura musical entonada d'aquesta unitat cantaràs un exercici que està basat en la melodia de la famosa balada *Starway to heaven*, del grup *heavy* Led Zeppelin. La melodia s'ha simplificat rítmicament i s'ha adaptat perquè pugues cantar-la més fàcilment.

Figura 4.18.
Grup *heavy* Led Zeppelin.

En l'apartat de teoria musical hem vist que una mateixa cançó pot interpretar-se en uns quants tons diferents. Perquè comprengues millor aquest concepte, entonaràs aquesta melodia en dos tons diferents. Observa que les notes canvien en la melodia de cada to, però que es tracta de la mateixa cançó, amb la diferència que la segona versió sona més aguda que la primera i per això et costarà una mica més entonar-la.

Exercici 1. Tonalitat de *Re* menor

Exercici 2. Tonalitat de *Mi* menor

8 A duo

IMAGINE: JOHN LENNON

John Lennon (un dels puntals fonamentals del grup The Beatles) va compondre el tema *Imagine* el 1971. Aquesta cançó ha estat considerada per molts com un himne de la pau en diferents països, una recerca d'un món sense fronteres que transmet optimisme al voltant de l'ideal d'un món millor. Aquesta balada, llançada com a senzill als Estats Units, va aconseguir arribar al tercer lloc del Billboard Hot 100, fet que va convertir la cançó i el disc que la contenia en l'èxit més important de Lennon en la carrera com a solista al marge del grup The Beatles.

Figura 4.19.
John Lennon.

45

Imagine

Música: John Lennon
Adaptació: J. Palazón

9 Auditori modern: la música *funk*

9.1. Les dades

El ***funk*** és un estil de música ballable que, a partir de mitjan dècada dels anys seixanta, comença a sorgir entre la població negra dels Estats Units d'Amèrica. El *funk* és una fusió d'elements, que mescla el *soul* de la Motown amb l'*acid jazz* i el *R&B*, entre altres.

El so *funk* va servir de teló de fons per a pel·lícules amb protagonistes negres (*Shaft*, per exemple). També, en algunes sèries americanes dels anys setanta, com *Starsky & Hutch* o *Els àngels de Charlie;* hi podem escoltar, tant en els títols, com en la música incidental, aquestes línies rítmiques del baix, les guitarres amb *wah-wah* i les seccions de vent pròpies del gènere, que va viure l'apogeu justament durant aquests anys.

9.2. La música 46

Es considera **James Brown** el pioner de la música *funk*. Escolta un fragment del seu arxiconegut *I feel good*, un dels símbols d'aquest estil.

L'efecte *wah-wah* de la guitarra ha donat a la música *funk* un so molt característic. Aquest so es mostra clarament en la introducció del tema principal de la pel·lícula *Shaft*, en què la música és d'**Isaac Hayes.**

La dècada dels anys noranta ha fet ressorgir el *funk*, amb grups com ara **Red Hot Chili Peppers** (Fig. 4.20), que, amb les seues guitarres amb distorsió, han creat el que s'ha anomenat *rock funk*. Molt conscienciats amb la justícia social, en les seues cançons podem escoltar temàtiques com la brutalitat policial als EUA, el racisme... Un tema molt emblemàtic d'aquest grup és *Give it away*.

D'altra banda, el grup anglés **Jamiroquai** (Fig. 4.21) torna a les arrels, incloent-hi també el *soul* i la música disco. Aquest grup es considera un dels màxims exponents del *funk* internacional.

El seu líder, **Jay Kay,** va estar al capdavant del moviment *acid jazz,* que va abandonar el 1994. Ells seran els encarregats de tancar aquest auditori amb el tema *Love foolosophy.*

Figura 4.20.
Imatge del grup **Red Hot Chili Peppers.**

Figura 4.21.
El nom de Jamiroquai sorgeix de la unió del terme *jam* (sessió d'improvisació) i *iroquesos* (nom d'una tribu indígena).

Contextos musicals

- Entre les cançons denominades cants de ronda podem distingir el **cant d'estil** i les ***albaes.***
- Entre les danses presents en la nostra tradició podem destacar **el bolero** i **les *dansaes.***
- Altres danses que cal destacar són la **dansa dels gegants i els nanos**, la de la **Moma**, la de la **magrana**, la de les **vetes**, la dels **cavallets**, la dels **arquets**, la dels **turcs**, el **bolero**, les **marineries**, el **ball pla**, el **cap de dansa**, la **dansa guerrera**, la **jota *rodà***, la **jota de quintos** i el **ball de l'u**.
- **La música festera** és la que s'interpreta en les festes, en els actes tradicionals i populars de la Comunitat Valenciana: desfilades, processons, romeries, etc.
- **Salvador Giner** fou un compositor valencià que s'inspirà en temes tradicionals de la nostra terra.

Llenguatge i creació

- El to o tonalitat d'una obra depén de l'escala utilitzada per a compondre-la.
- Transportar una melodia és canviar-la de to perquè sone més aguda o més greu.

Escolta

- Les cançons i les danses s'acompanyen d'**instruments populars,** com la **dolçaina,** el **tabal** i les **castanyoles.**
- **La banda de música** està composta per instruments de vent de fusta, de vent de metall i de percussió.
- **La banda simfònica** incorpora altres instruments de la família de la corda, com el violoncel, el contrabaix, el piano i l'arpa.
- **Les transcripcions orquestrals per a banda** són peces procedents de composicions orquestrals que inclouen des de peces simfòniques de diferents èpoques fins a música de cine.
- **Auditori modern**

  La música *funk* sorgix a mitjan anys seixanta del segle passat entre la població negra dels Estats Units. El seu pioner va ser James Brown.

Interpretació

- L'**anacrusi** es dóna quan una nota o un grup de notes se situen abans del primer temps fort d'una frase musical.

ACTIVITATS FINALS

1. Esmenta actes o esdeveniments festius populars en què estiguen presents la música i la dansa.

2. Investiga en quins esdeveniments propis de la teua població es mostren els elements de la música tradicional estudiats.

3. Investiga. Entra en la pàgina web http://escoladedansesxativa.com i respon a les qüestions següents:

- En què consisteix la *dansà* i com hi ha contribuït Xàtiva?
- Com s'estructura la *dansà*?
- Què és el *Bolero vell*?

4. Explica els conceptes següents:

- Cants de ronda
- *Dansaes*
- Dolçaina
- Transcripcions orquestrals per a banda

5. Seguint l'esquema de la banda simfònica, dibuixa en el quadern la col·locació de l'orquestra simfònica. Fes un esquema comparatiu de la banda de música i l'orquestra simfònica.

- En què es diferencien principalment?
- Què diferencia la banda de l'orquestra pel que fa a la funció social?

6. Indica en el teu Llibre de Treball si són verdaderes o falses les afirmacions següents:

a) Les *albaes* són cants acompanyats bàsicament per instruments de corda i una certa improvisació de la veu.

b) El bolero és una dansa de caràcter funcional i profà.

c) El tabal és un instrument de percussió idiòfon amb forma de castanya que solen fer servir els balladors de danses tradicionals.

d) L'origen de les agrupacions instrumentals es remunta a les organitzacions militars romanes i a diferents agrupacions de ministrers.

e) La banda de música està composta per instruments de corda fregada.

f) Salvador Giner va ser el compositor valencià autor d'obres com *Es xopà hasta la Moma* o *Una nit d'albaes*.

7. **Relaciona amb fletxes les característiques i els conceptes:**

- Cant d'estil
- Marxes mora i cristiana
- La Moma
- Notes que estan situades abans del primer temps fort
- Festivitat del Corpus
- Anacrusi
- Música tradicional
- Música festera

8. **Escriu en el teu Llibre de Treball les escales model major i menor (*Do M* i *La m*) i indica amb números romans la posició dels seus semitons.**

9. **Construïx en el full de pentagrames del teu Llibre de Treball les escales de *Fa M* i *Re M*, a partir de l'escala model de *Do M*. Quina diferència hi ha entre l'escala antiga de *re* (dòrica) i la de *Re M*?**

10. **Què vol dir el terme *transporte* en música?**

11. **Quan i on sorgix l'estil musical conegut com a *funk*? Quin músic va ser el pioner d'este estil?**

12. **Escriu en el teu Llibre de Treball el nom dels instruments següents, relacionant-los amb cada una de les fotografies que els representen:**

a)

b)

c)

d)

A TALLER DE DANSA HISTÒRICA

Vols aprendre com es ballava antigament? T'ensenyem dues danses històriques molt senzilles que podràs compartir amb els teus companys!

Sumari

A través d'aquest taller breu ens endinsarem en el món tan suggeridor de les danses històriques.

La dansa va tenir una gran consideració social en períodes passats, com l'edat mitjana, el Renaixement i el Barroc. La formació de la noblesa passava obligatòriament pel domini del ball, que estava sempre present en les festes i en les celebracions de l'època.

També en les classes més humils es practicava el ball amb assiduïtat en les festes i en les celebracions populars.

The English Dancing Mafter:
OR,
Plaine and eafie Rules for the Dancing of Country Dances, with the Tune to each Dance.

LONDON,
Printed by *Thomas Harper*, and are to be fold by *John Playford*, at his Shop in the Inner Temple neere the Church doore. 1651.

Figura 1. *The English Dancing Master.*

La imatge superior (Figura 1) correspon a un dels tractats de dansa més importants del segle XVII, *The English Dancing Master* (El mestre de dansa anglés), publicat el 1651 per John Playford.

Moltes danses històriques s'han pogut reconstruir gràcies a aquest tractat de dansa de l'època i a uns altres que s'han conservat.

Actualment hi ha una gran afició al món per la dansa històrica i se n'imparteixen nombrosos cursos en molts països.

En aquest taller tindràs l'oportunitat de ballar amb els companys dues danses històriques:

- Una dansa del Renaixement: *branle de la montarde*
- Una dansa del Barroc: contradansa *Black Nag*

DVD

En el DVD es pot veure un vídeo explicatiu sobre el muntatge de les danses d'aquest taller i un altre amb la interpretació corresponent a càrrec d'un grup d'alumnes.

SAPS QUE...

Una de les danses popularitzada a les tres províncies de la Comunitat Valenciana és el **bolero.**

Es tracta d'un ball d'una parella o més d'una, de caràcter noble i majestuós. Emparentat amb la seguidilla, a l'origen només es ballava a la cort per a entretenir els nobles i lluir-s'hi. Posteriorment es va popularitzar i va obtenir un gran èxit en el segle XVIII. En el segle XIX va ser un referent per als mestres de dansa francesos i anglesos.

El bolero té ritme ternari, com el fandango. Sol ser cadenciós i, al mateix temps, té un ritme viu. L'estructura del ball consisteix en una introducció seguida de dues o tres parts diferenciades per una figura estàtica anomenada "ben plantà".

Un dels primers boleros documentats a la Comunitat Valenciana és el Bolero Vell de Xàtiva, que data del segle XVIII.

Una dansa del Renaixement: *branle de la Montarde*

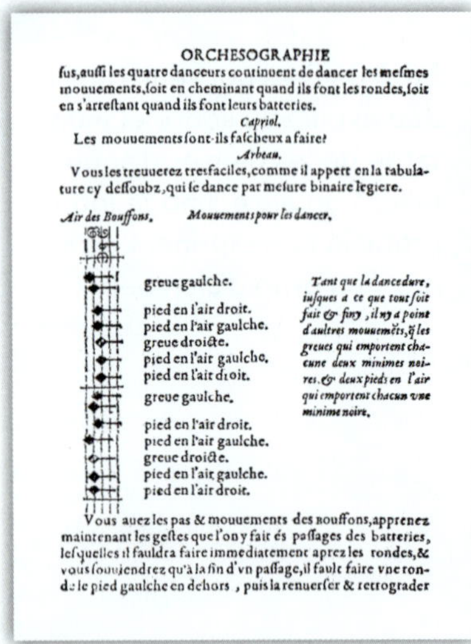
ORCHESOGRAPHIE

ſus,auſſi les quatre danceurs continuent de dancer les meſmes mouuements,ſoit en cheminant quand ils font les rondes,ſoit en s'arreſtant quand ils font leurs batteries.

Capriol.

Les mouuements ſont-ils faſcheux a faire?

Arbeau.

Vous les treuuerez tresfaciles,comme il appert en la tabulature cy deſſoubz,qui ſe dance par meſure binaire legiere.

Air des Bouffons. *Mouuements pour les dancer.*

greue gaulche.
pied en l'air droit.
pied en l'air gaulche.
greue droicte.
pied en l'air gaulche.
pied en l'air droit.
greue gaulche.
pied en l'air droit.
pied en l'air gaulche.
greue droicte.
pied en l'air gaulche.
pied en l'air droit.

Tant que la dance dure, iuſques a ce que tout ſoit fait & finy, il n'y a point d'aultres mouuemēts,q̃ les greues qui emportent chacune deux minimes noires, & deux pieds en l'air qui emportent chacun vne minime noire.

Vous auez les pas & mouuements des bouffons,apprenez maintenant les geſtes que l'on y fait és paſſages des batteries, leſquelles il fauldra faire immediatement aprez les rondes,& vous ſouuiendrez qu'à la fin d'vn paſſage,il fault faire vne ronde le pied gaulche en dehors , puis la renuerſer & retrograder

Figura 2. Pàgina del tractat *Orchésographie* en què s'explica aquesta dansa.

El *branle* és una dansa d'origen francés que es va començar a ballar a la fi de l'edat mitjana, encara que va viure el moment d'esplendor durant el Renaixement.

El *branle* que ballarem en aquest taller va ser descrit pel clergue i escriptor Thoinot Arbeau (1520-1595) en el seu llibre *Orchésographie*, el tractat de dansa més important anterior al 1600 (Figura 2).

Et pot semblar una mica estrany que un sacerdot es dedicara a recopilar danses de l'època, però has de saber que la seua congregació el va animar a escriure el seu tractat perquè consideraven que la dansa tenia un gran valor educatiu.

Arbeau recomanava la dansa per a la salut, per als joves i els ancians, fins i tot per a buscar parella.

Aquest autor va tenir la brillant idea de fer posar els pentagrames en vertical per a fer coincidir l'explicació dels passos amb la melodia corresponent.

Resum coreogràfic

El *branle de la Montarde* es ballava en files unides per les mans amb el mateix nombre de dones i homes. En aquesta ocasió, la coreografia està pensada per a línies de cinc persones i no hi cal l'alternança entre xic i xica. Com en la majoria de les danses d'aquesta època, tots els passos s'inicien amb el peu esquerre.

Durant la primera part, el ballador que està situat a l'extrem esquerre és el líder i guia la seua fila per la sala traçant trajectòries lliures (cercles, meandres, zig-zags, línies...).

En la segona part, els balladors deixen anar les mans i, començant pel líder, un per un, van fent una volta a l'esquerra amb tres salts.

Una vegada els cinc components han executat la volta corresponent, el líder fa una entrada serpentejant entre ells per col·locar-se l'últim de la fila.

Quan haja arribat al final, torna a fer una volta a l'esquerra amb tres salts i es torna a començar la dansa, però ara el que estava situat en la segona posició adopta el rol del líder.

La dansa s'ha de repetir cinc vegades, de manera que tots els balladors puguen guiar el seu grup una vegada.

Del Renaixement al Barroc: contradansa *Black Nag*

La *contradansa* és un ball originari d'Anglaterra que era interpretat per la gent del camp, com indica el seu nom en l'idioma original: *country dance*.

La contradansa que ballarem en aquest taller s'anomena *Black Nag* ('rossí negre'). Els passos i la música corresponents es van recollir en *The English Dancing Master*.

Resum coreogràfic

La contradansa *Black Nag* es balla en grups de sis persones, que formen tres parelles mixtes disposades en dues files enfrontades.

En la primera part de la dansa, les parelles avancen quatre passes, en retrocedeixen quatre i tornen a la posició inicial. Posteriorment, la primera parella fa un desplaçament lateral en quatre passes, que és repetit per la segona parella i després per la tercera. Una vegada que les tres han fet el seu desplaçament, cada ballador fa una volta sobre si mateix. Es repeteix aquesta última secció invertint les parelles.

En la segona part, les parelles s'aproximen, acosten el muscle dret amb el de la parella i se separen. Es repeteix aproximant ara el muscle esquerre. Després les parelles canvien de posició de la manera següent: xic p. 1 amb xica p. 3, xic p. 3 amb xica p. 1 i xic p. 2 amb xica p. 2. Una vegada que les tres parelles han fet el canvi, cadascú fa una volta sobre si mateix. Es repeteix aquesta secció i es torna a la posició inicial.

L'última part de la dansa comença amb dues voltes amb la parella, una en cada sentit. Després els xics fan un «huit» entre els tres i els sis components del grup acaben amb una volta sobre si mateixos. Es repeteix aquesta part, però el "huit" el fan les xiques.

A TALLER TIC

Sumari

T'agradaria editar les teues cançons favorites o crear composicions musicals en el núvol? Aprén com fer-ho en aquest taller d'informàtica musical!

1 L'editor d'àudio

Potser moltes vegades has pensat a fer recopilacions de la teua música preferida, tallar fragments d'àudio, apegar-los, fer que el final d'una cançó es «fonga» amb el principi de la següent, fer un *remix*... Doncs bé, totes aquestes coses són les funcions bàsiques que duen a terme, entre moltes altres, els editors d'àudio.

Podem definir un **editor d'àudio** com una aplicació o un programa que permet gravar, importar, exportar, etc., a més de manipular el so d'una manera còmoda.

El que és important d'un editor és que siga capaç de treballar amb el màxim nombre de formats possibles: WAV, MP3, Ogg Vorbis, etc.

En aquest apartat aprendràs a manipular l'editor d'àudio Audacity, un programa senzill però molt efectiu. Audacity és un programari que permet editar múltiples pistes d'àudio, a més està disponible per a totes les plataformes populars, inclòs Linux. La primera cosa que hem de fer és familiaritzar-nos amb l'aparença del programa i veure'n les seccions principals (interfície). L'aparença general d'Audacity és la següent:

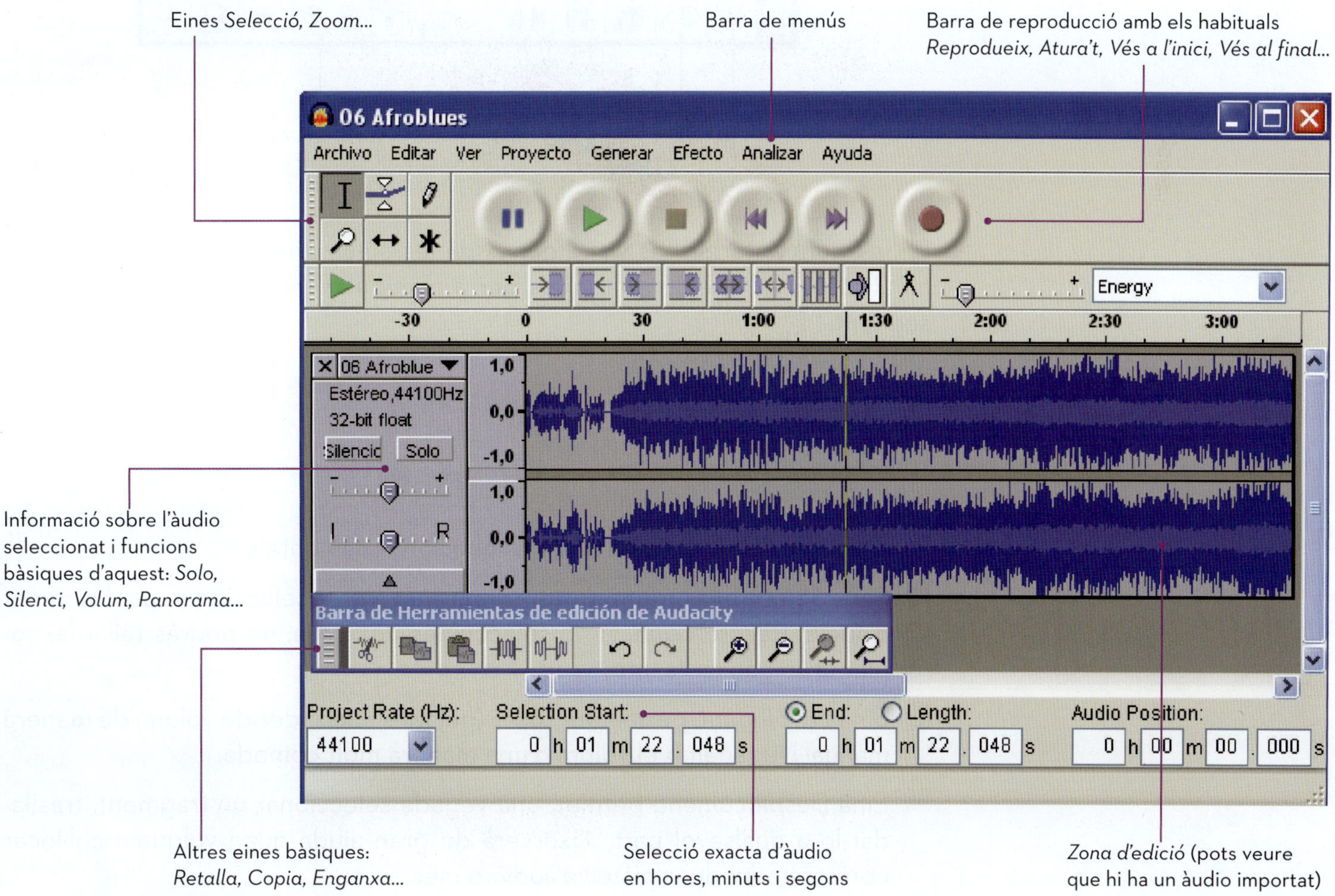

1.1. Opcions bàsiques d'edició

En l'apartat anterior hem vist l'aparença general d'Audacity a través de totes les seccions importants del programa. En aquest apartat aprendrem quines són algunes de les opcions bàsiques d'edició de so. La primera cosa que farem serà **importar** un fitxer d'àudio. Importar un arxiu significa buscar-lo en l'ordinador i portar-lo a l'editor. Per a fer-ho, disposes de dues opcions:

a) Menú *Fitxer/Obre.*

b) Menú *Projecte/Importa.*

En qualsevol dels dos casos anteriors, se'ns obrirà l'explorador perquè puguem buscar en el nostre ordinador l'àudio que volem editar. Una vegada importat el fitxer, començarem a experimentar amb algunes opcions bàsiques d'edició, que són, entre altres: *talla, copia, enganxa, silencia* (silenciar un fragment), *retalla* (seleccionar un fragment i esborrar el sobrant) o *zoom*. Les icones d'aquestes funcions les tens en la **barra d'eines d'edició** d'Audacity:

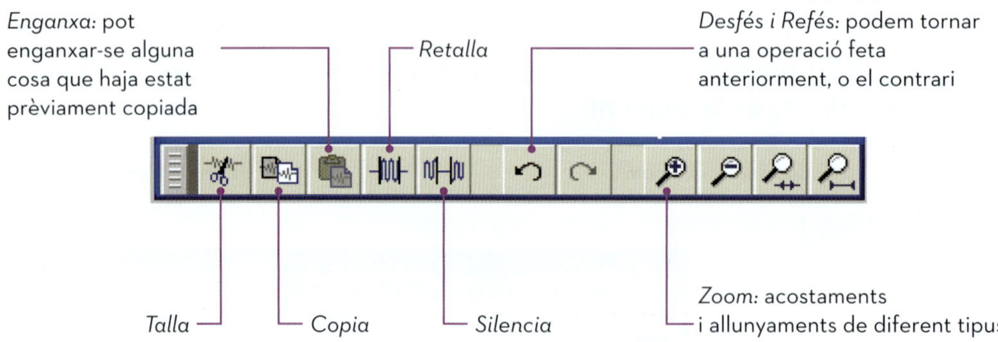

En la figura anterior has vist algunes de les eines principals d'edició. Però hi ha altres eines que són bàsiques per a manipular l'àudio. Observa el dibuix següent:

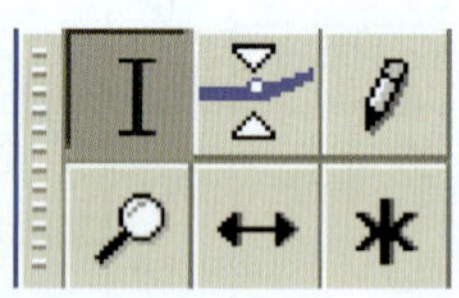

En la figura anterior hi ha tres eines que són fonamentals:

- Eina *Selecciona:* permet, com indica el nom, seleccionar un fragment d'àudio. Recorda que, si no selecciones una cosa, no podràs tallar-la, copiar-la, enganxar-la, etc.
- Eina *Envolupant:* permet fer foses (pujades i baixades de volum) de manera manual i jugar amb el volum d'una manera molt còmoda.
- Eina *Desplaçament:* permet, una vegada seleccionat un fragment, traslladar-lo a qualsevol part. Això serà de gran ajuda quan vulguem col·locar correctament dues pistes d'àudio o més.

1.2. El menú *Efecte*

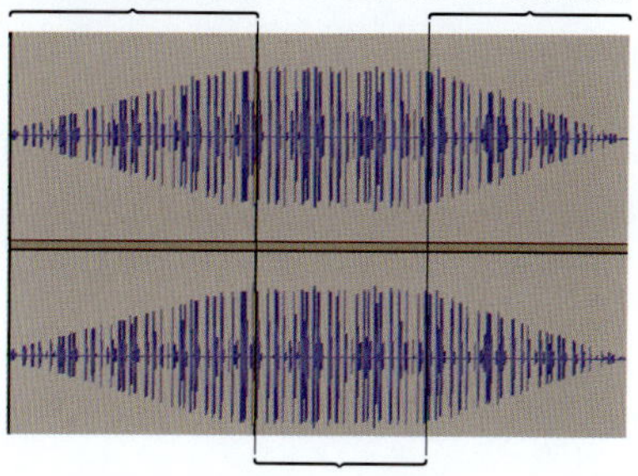

En el menú ***Efecte*** tenim opcions molt interessants per a editar el so. En són moltes, així que és convenient que tu mateix experimentes amb algunes i comproves els canvis que es produeixen en el so. En aquest menú trobem opcions tan interessants com canviar el to de la cançó, canviar la velocitat o fer foses d'obertura i de tancament. Experimentarem primerament amb les **foses** (d'obertura i de tancament). L'aparença d'un àudio que ha experimentat aquest tipus d'edició pots veure-la en la figura del marge.

Aquest efecte et servirà perquè una cançó vaja disminuint d'intensitat progressivament alhora que la següent (o el fragment següent) comença a sentir-se progressivament. Però per a fer això necessitaràs tenir almenys dues pistes o més per a anar inserint-hi fragments d'àudio o cançons. Això ho veurem en l'apartat sobre el mode *multipista*.

Si l'àudio que estàs utilitzant té poc de volum, pots augmentar-lo, sense que arribe a distorsionar, amb l'opció *Normalitza*, que està en el mateix menú *Efecte*.

Altres opcions que pots trobar en el menú *Efecte* són: *Equalització, Eliminació de sorolls, Canvia el temps* o *Canvia la velocitat* (les dues opcions canvien la velocitat, però la primera no canvia el to i la segona sí: previsualitza abans d'efectuar el canvi), *Inverteix* el so (recorda la música electrònica del segle XX), *Repeteix*, etc.

ACTIVITATS

1. **Selecciona el fragment *loop estrofa* en la web de recursos i importa'l a Audacity. Una vegada importat, fes les operacions següents:**
   a) **Selecciona'l.**
   b) **Trasllada** el fragment complet cap a la dreta. Utilitza la **lupa** per a veure el fragment complet. Si prems el botó esquerre del ratolí l'amplies i si prems el dret, el redueixes.
   c) El ***loop*** dura uns 19 segons; **talla** 5 o 6 segons al final. Per a saber la duració d'un fragment seleccionat has de tenir seleccionada l'opció *Longitud* en els mesuradors de temps.
   d) **Selecciona** un fragment al principi (uns 4 segons) i aplica-hi una *fosa d'obertura*.
   e) Selecciona uns 4 o 5 segons del final, però aplica-hi ara una *fosa de tancament*.
   f) Canvia'n la **velocitat** (canvi percentual de -10). Per a fer-ho has de tenir seleccionat l'àudio prèviament.

1.3. El treball multipista

Fins ara has vist el treball d'edició de so aplicat a una única pista d'àudio. Però imagina que tens uns quants arxius d'àudio que t'agradaria mesclar entre si i aplicar-los diferents efectes. Això seria impossible si no disposares d'unes quantes pistes per a col·locar-hi aquests arxius. Doncs bé, el treball d'edició d'àudio sobre dues o més pistes s'anomena *multipista*. L'aparença d'Audacity amb unes quantes pistes d'àudio podria ser com en la imatge següent:

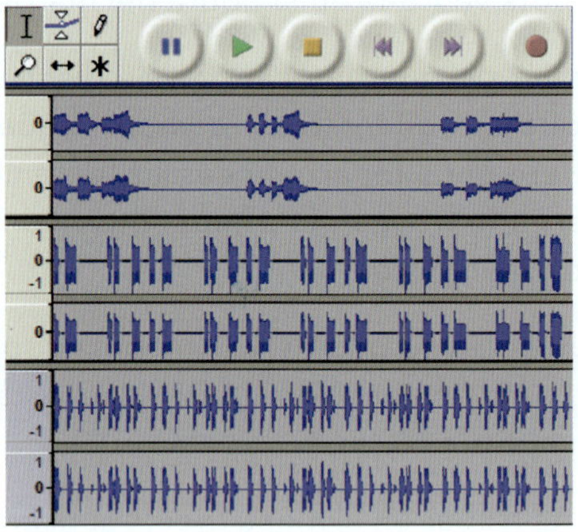

Pots observar en el marge esquerre que hi ha tres pistes diferents d'àudio: flauta, baix i un *loop* de percussió.

Per a poder obrir unes quantes pistes al mateix temps ja no pots utilitzar l'opció de menú *Fitxer/Obre,* ja que les obrirà individualment. Per a importar unes quantes pistes al mateix temps, entra en el menú *Projecte/Importa àudio.* Ara pots seleccionar les pistes que necessites, però hauràs de fer-ho tenint polsada la tecla **Ctrl** del teu teclat alhora que selecciones amb el botó esquerre del ratolí les pistes que necessites.

ACTIVITATS

2. Segueix els passos següents per a experimentar amb el treball *multipista* en Audacity:

a) Busca en la web la carpeta *Àudios Audacity.* Una vegada localitzada, selecciona totes les pistes menys *Loop 1 compàs.*

b) Una vegada obertes totes les pistes, les silenciarem totes tret de la primera. Per a fer-ho, selecciona l'opció *Silencia* que hi ha al marge esquerre de totes les pistes. Si no pogueres visualitzar-ho, estira amb el botó esquerre del ratolí en l'extrem inferior de la pista.

c) Anirem escoltant les pistes d'una en una.

d) Posteriorment, les posarem totes a sonar.

e) Si vols modificar el volum d'algun àudio, agafa l'eina *Envolvent* i fes clic en la pista d'àudio. Veuràs que apareixen unes marques que podràs estirar cap amunt o cap avall en funció del volum que vulgues. (Prova a abaixar el volum del baix.)

f) Si el volum de les pistes és correcte, guardarem tota la mescla en un sol àudio. L'opció per a exportar tota la mescla és *Fitxer/ Exporta múltiples fitxers.* Hem d'indicar en quin format volem la mescla total i on volem guardar-la.

2 *Soundation:* seqüenciació musical en línia

Soundation pertany al grup de programes anomenats seqüenciadors, és a dir, programes que permeten l'enregistrament multipista com si fóra un estudi de gravació. Amb *Soundation* pots enregistrar sons externs, però també pots utilitzar les llibreries de sons que el programa incorpora i crear les teues pròpies composicions. Comencem!

Entra en la pàgina web de *Soundation* i fes clic en *Soundation – Make music online*. A continuació, t'hi has de registrar fent clic en LOGIN / SIGN UP i triar el tipus de compte: GET FREE ACCOUNT. Finalment, hauràs d'identificar-te amb el teu correu electrònic i una contrasenya. No oblides fer clic en SAVE per a acabar el registre.

Una vegada donat d'alta, fes clic en el menú STUDIO, que hi ha a la part superior esquerra, per a començar a treballar amb el programa, utilitzant l'opció del navegador Chrome o la versió Flash. Tria la que siga compatible amb el teu ordinador.

2.1. La pantalla principal de *Soundation*

Una vegada has entrat al menú STUDIO, veuràs la pantalla principal de *Soundation* (Figura 1).

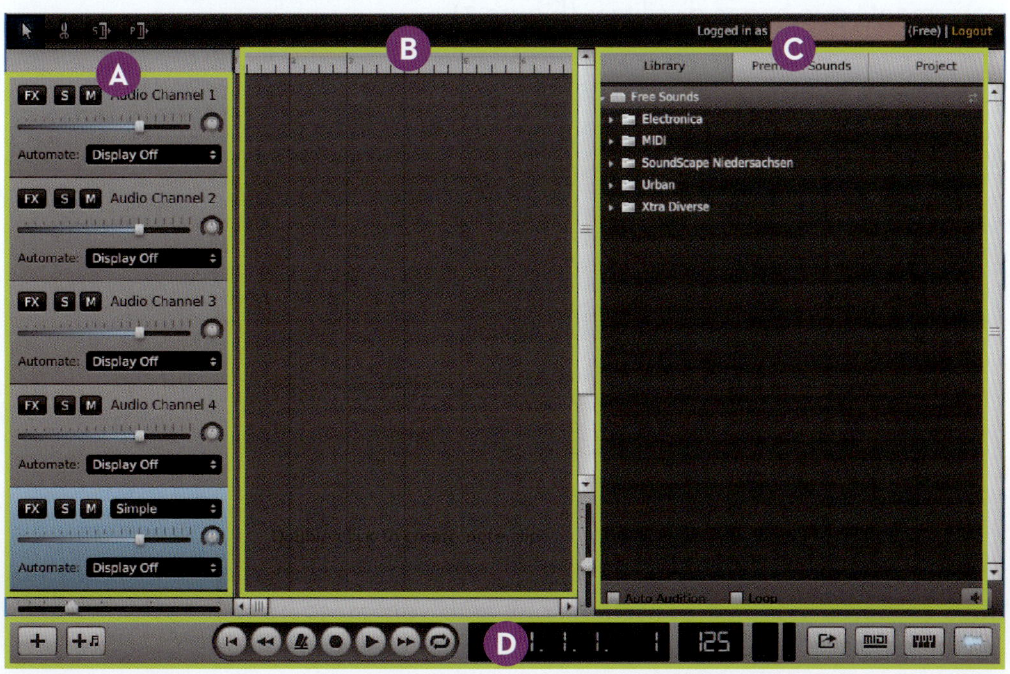

Figura 1.

SAPS QUE...

Actualment moltes aplicacions per programari comencen a tenir l'equivalent corresponent en la web, de manera que pots, només que t'hi registres, treballar en el núvol. *Soundation* pertany a aquest tipus de programes en el núvol.

PER A SABER-NE MÉS

També pots registrar-te en *Soundation* amb el teu compte de Facebook.

Pots veure en la Figura 1 les quatre parts principals de *Soundation*. La part de l'esquerra (A) mostra les pistes o els distints instruments que tenim. Podem eliminar-ne o afegir-hi els que vulguem. A la part central de la pantalla (B) anirem inserint els diferents sons per a la nostra composició. La part dreta de la pantalla (C) conté la llibreria de sons que ofereix el programa de manera gratuïta (tant sons WAV com sons MIDI). Finalment, a la part inferior de la pantalla hi ha el típic reproductor, a més d'opcions per a afegir-hi pistes MIDI o àudio, aspectes que anirem veient al llarg d'aquest taller.

2.2. La llibreria de sons de *Soundation*

Soundation disposa d'una llibreria de sons ben àmplia. Per a familiaritzar-te amb la secció *Library*, observa la Figura 2. Pots veure en la imatge inferior que la llibreria consta d'unes quantes carpetes de sons que pots desplegar fent clic en el petit triangle que hi ha a l'esquerra del nom de cada carpeta.

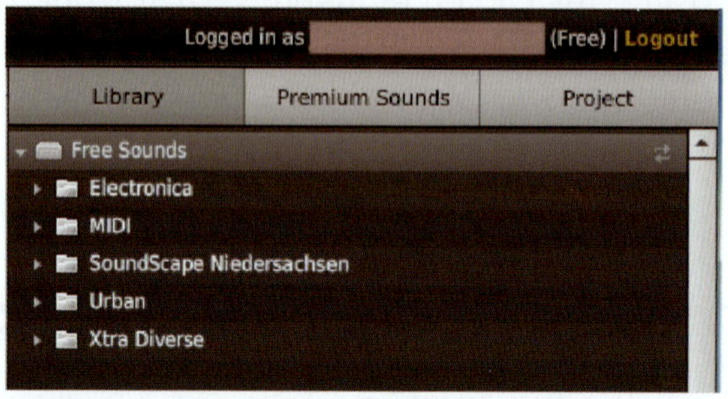

Figura 2.

Si fas clic en alguna de les carpetes, veuràs que poden mostrar-se més carpetes per a seleccionar instruments o per a seleccionar la velocitat o *tempo* dels instruments que hages d'utilitzar (Figura 3).

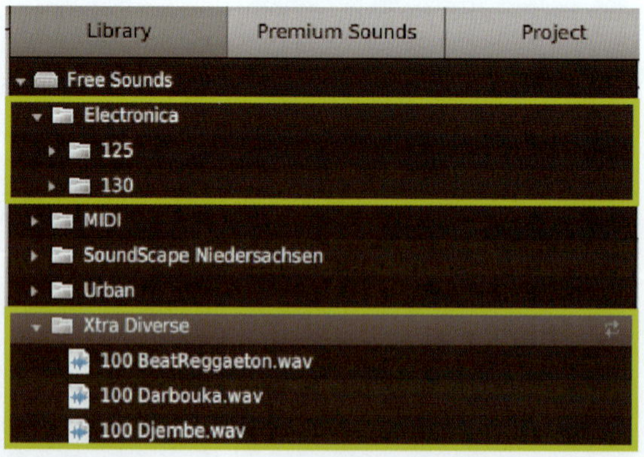

Figura 3.

Observa en la Figura 3 que s'ha desplegat la carpeta *Electronica* i es mostren dues carpetes més que contenen sons amb velocitats de 125 i 130 pulsacions per minut. No obstant això, quan desplegues la carpeta *Xtra Diverse* es mostren ja directament sons que es poden afegir a la zona principal de treball.

Abans d'arrossegar qualsevol so a la zona principal de treball, és convenient que escoltes o proves entre diferents sons. Per a fer-ho (Figura 4) hi ha diverses opcions:

1. Fes clic en el so que vulgues escoltar i, a continuació, fes clic en l'altaveu que pots veure a la part inferior dreta.
2. L'opció més recomanable és seleccionar *Auto Audition* ('escolta automàtica'); així, cada vegada que faces clic en un so, automàticament es reproduirà.
3. Finalment, si selecciones l'opció *Loop*, quan esculles i escoltes un so, es reproduirà en bucle o repetició contínua fins que tornes a fer clic en la icona de l'altaveu.

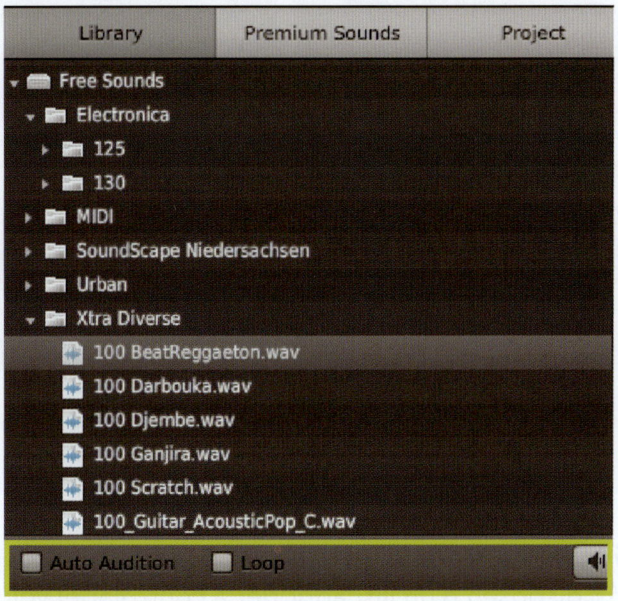

Figura 4.

ACTIVITATS

3. Selecciona la carpeta *Electronica*. A continuació, desplega la carpeta 125 (que t'indica la velocitat dels sons que conté dins) i fes sonar el so *125 BeatElectroHouse.wav* (els sons estan ordenats en ordre alfabètic) utilitzant l'opció de reproducció fent clic en la icona de l'altaveu.

4. Selecciona la carpeta *Xtra Diverse* i fes les accions següents:

a) Selecciona l'opció *Auto Audition* i, tot seguit, selecciona el so *110 DrumRKPop.wav*.

b) Fes el mateix procés que en l'apartat anterior, però ara deixa seleccionada l'opció *Auto Audition* i *Loop*. Indica què passa en cada cas.

SAPS QUE...

Pots inserir-hi pistes d'àudio (botó de l'esquerra) o MIDI (botó de la dreta) fent clic en els botons que pots veure en la imatge inferior.

SAPS QUE...

Pots canviar el nom de qualsevol canal o pista fent doble clic en la indicació *Audio Channel 1* que ve per defecte en cada pista. En la Figura 7 pots observar que s'ha canviat el nom d'*Audio Channel* pel de *Bateria*.

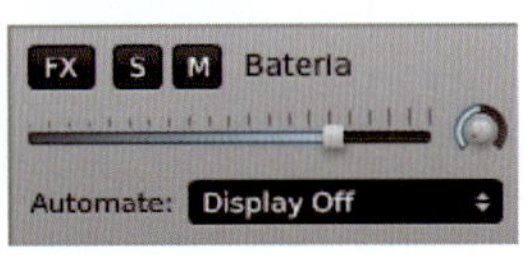

Figura 7.

SAPS QUE...

Pots automatitzar el volum d'un canal fent clic en *Automate* i escollint *Volum;* així podràs fer una fosa final per a la teua cançó (Figura 8).

Figura 8.

2.3. Afegir o llevar canals en *Soundation*

Els canals, els podem entendre com a instruments que podem utilitzar per a la nostra composició. Hi ha dos tipus de canals o pistes en *Soundation*: canals o *pistes d'àudio* i *pistes MIDI*. Mentre que els canals d'àudio funcionen amb sons que no es poden modificar (com ara els que has utilitzat en l'activitat anterior), les pistes o canals MIDI et permeten modificar els sons que contenen. Les pistes d'àudio tenen un color gris i les pistes MIDI, un color blau. En la Figura 5 pots observar que hi ha dues pistes d'àudio i una pista MIDI.

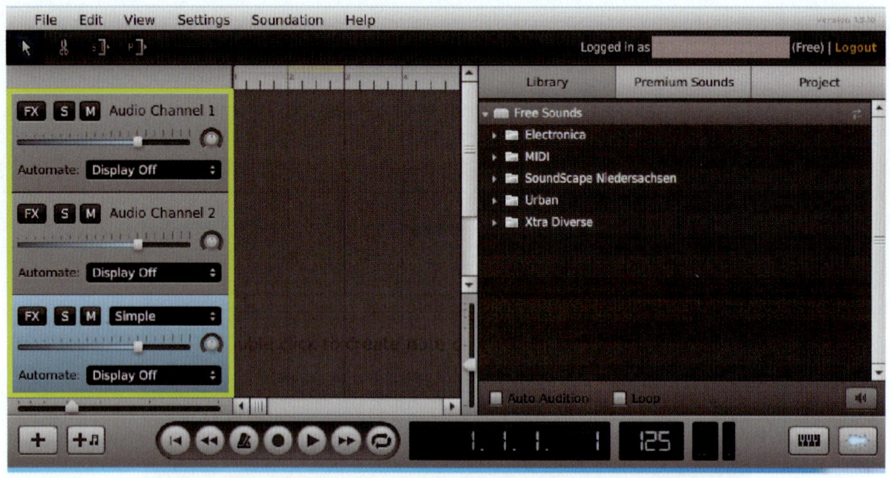

Figura 5.

Totes les pistes tenen les mateixes opcions (Figura 6): FX (per a inserir-hi algun tipus d'efecte), S (si se selecciona aquest botó, se sent només aquesta pista i no les altres) i M (per a emmudir o silenciar aquesta pista perquè se senten les altres). A més, disposen d'un lliscador per a controlar el volum, un botó per a desplaçar el so a la dreta o a l'esquerra dels altaveus i un selector *Automat* per a les automatitzacions o programació manual del volum, panorama, etc.

Figura 6.

ACTIVITATS

5. **Elimina les pistes o els canals que ixen per defecte quan obris el programa. Per a fer-ho, fes clic damunt de la pista i prem la tecla *Supr* del teclat de l'ordinador.**

6. **Insereix-hi o afig-hi quatre pistes noves: dues d'àudio i dues MIDI. Torna-les a anomenar posant en cada una els noms dels instruments següents: bateria, guitarra, baix i piano.**

2.4. Afegim els primers *loops* en *Soundation*

Ha arribat l'hora que comences a veure les possibilitats reals que té *Soundation* per a compondre música. Per fer-ho, anirem incorporant *loops* (fragments curts d'àudio que solen repetir-se) en la zona principal d'edició de *Soundation* (Figura 9).

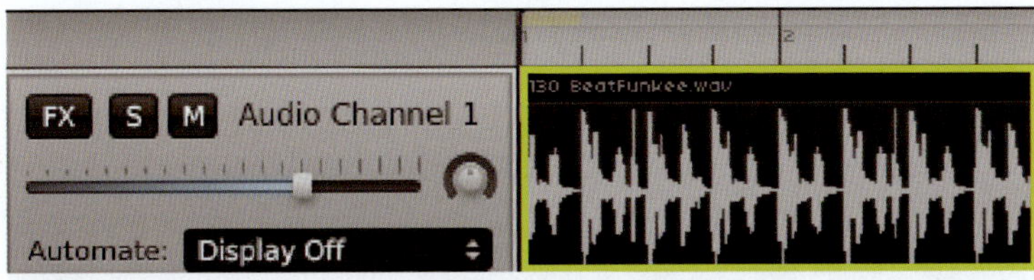

Loop de 2 compassos de durada

Figura 9.

La manera d'inserir fragments d'àudio en la zona d'edició consisteix a triar un so de la llibreria fent-hi clic damunt. A continuació, i sense deixar anar el ratolí, hem d'arrossegar el so seleccionat a la zona d'edició.

No obstant això, has de tenir en compte que no tots els *loops* tenen la mateixa durada. Per a allargar o disminuir la longitud o la durada d'un *loop*, has de passar el ratolí per qualsevol part del *loop* (Figura 10) i veuràs que es mostren uns petits angles en els cantons. Amb l'angle superior pots allargar la durada del *loop*, mentre que amb els angles inferiors pots disminuir-la.

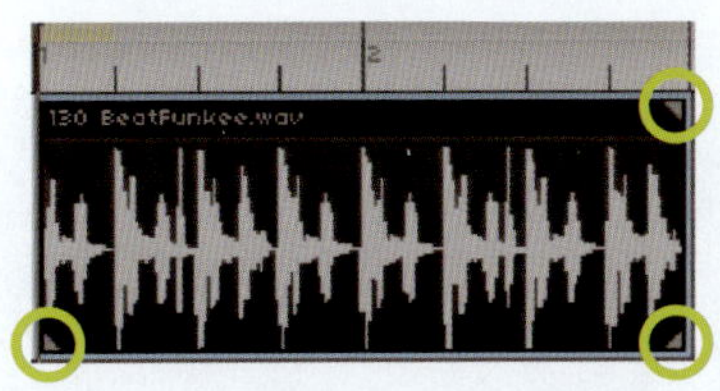

Figura 10.

També pots reduir la durada d'un *loop* tallant-lo. Per a fer-ho, pots utilitzar les tisores que tens a la part superior esquerra del programa. Així, doncs, fes clic amb les tisores on vulgues tallar. Ara selecciona el cursor que està al costat de les tisores, selecciona el fragment tallat i suprimeix-lo amb la tecla *Supr*.

ACTIVITATS

7. Crea –si no estan ja creades– 4 pistes d'àudio. Per a cada pista d'àudio selecciona un *loop* triat de la carpeta *Electronica*, subcarpeta 130. Els sons seran: *130 BeatFunkee.wav*; *130 BongoTribal.wav*; *130 HihatClosed.wav* i *130 SynthStabber2 C.wav*.

8. Deus haver observat que tots els *loops* triats no tenen la mateixa durada. Iguala els *loops* allargant la grandària dels que tenen menor durada. Escolta el resultat obtingut utilitzant el botó *play* ('reprodueix') de la barra inferior de reproducció.

RECORDA

Hi ha pistes d'àudio (grises) i pistes MIDI (blaves). En les pistes d'àudio pots posar sons de qualsevol carpeta, llevat de la carpeta MIDI.

SAPS QUE...

La barra de reproducció de *Soundation* té les funcions següents: vés al començament (1), retrocedeix (2), metrònom (3), enregistra (4), reprodueix (5), avança (6) i reprodueix en bucle (7) (Figura 11).

Figura 11.

2.5. Fitxers MIDI en *Soundation*

Soundation disposa d'una carpeta amb una gran quantitat de fitxers MIDI que pots incorporar a la teua composició. Els sons MIDI, a diferència dels fitxers d'àudio, sí que els pots modificar. Així doncs, pots canviar l'altura d'un so que hages triat, el volum, etc. La manera d'inserir fitxers MIDI en la zona d'edició és la mateixa que per als fitxers o *loops* d'àudio: seleccionant-los amb el ratolí i arrossegant-los a la zona d'edició.

Una pista MIDI té l'aparença següent (Figura 13).

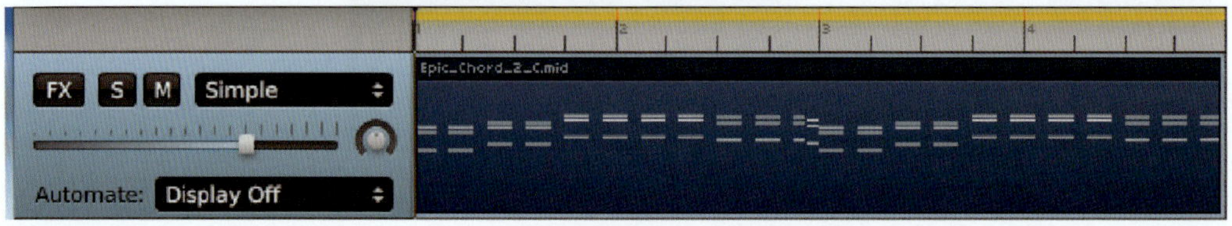

Figura 13.

Pots observar en la Figura 13 que l'aparença d'una pista MIDI és molt diferent de la d'una pista d'àudio com la de la Figura 10. Si vols modificar qualsevol so d'una pista MIDI, fes doble clic en qualsevol part del *loop* que hi has inserit i se't mostrarà una finestra com la següent (Figura 14). En l'*Edit Note Clip* pots seleccionar qualsevol nota (o rectangle) i moure-la en qualsevol direcció amb les fletxes del teclat de l'ordinador, així pots modificar-ne la col·locació i també l'altura.

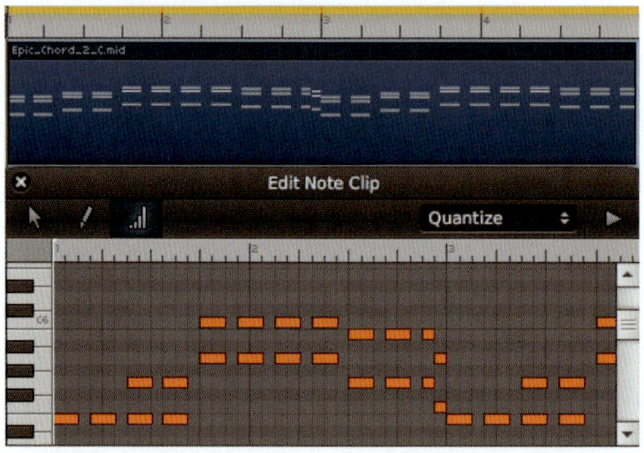

Figura 14.

SAPS QUE...

Pots reproduir un fragment musical de manera repetida (en bucle) si fas clic just a la part superior, on hi ha la barra que indica el nombre de compassos (a la part superior de la zona d'edició); es mostrarà una línia groga (Figura 12). Pots estirar la durada del bucle estirant-la amb el ratolí, o eliminar el bucle fent clic en la mateixa línia groga.

Figura 12.

ACTIVITATS

9. Torna a fer l'activitat 1 de l'apartat 1.2. Una vegada hages creat aquestes pistes, reanomena-les de dalt baix amb els noms següents: percussió 1, percussió 2, percussió 3 i sintetitzador. Emmudeix o silencia el sintetitzador.

10. Insereix-hi una pista MIDI amb el so *Epic_Chord_2_C.mid*. A continuació, abaixa una mica el volum d'aquesta pista i reprodueix el resultat obtingut.

A. Crear una pista de bateria MIDI

Aprofundirem una mica més el maneig de les pistes MIDI. Per fer-ho, crearem una pista de bateria des de zero. En primer lloc, hauràs de crear una pista MIDI (vegeu el primer «Saps que...» de la pàgina 96). Una vegada creada la pista MIDI, observaràs que conté una finestreta amb la indicació *Simple* (Figura 15).

Figura 15.

Si fas clic en el desplegable d'aquesta finestra se't mostrarà una imatge com la següent (Figura 16):

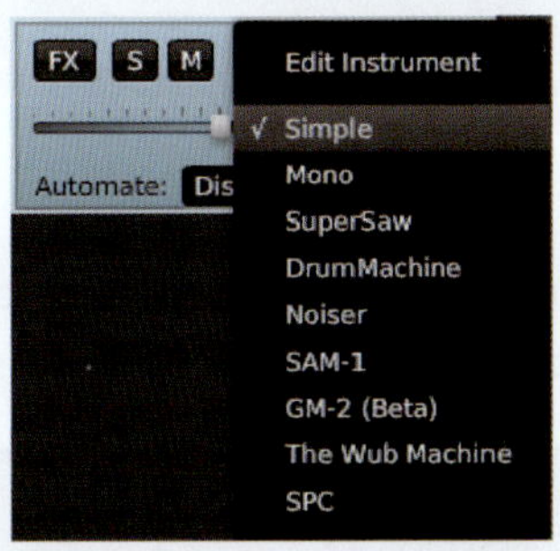

Figura 16.

Fes clic en l'opció *DrumMachine*. T'eixirà una finestra emergent d'edició: tanca-la. Ja tens creat el canal de bateria, però encara no tens on escriure el teu patró de bateria. Per a fer-ho, fes doble clic en qualsevol lloc de la pantalla a la dreta del canal de bateria que has creat. Veuràs que, quan hi fas doble clic, se't mostra una pista perquè pugues escriure-hi, també torna a eixir la finestra *Edit Note Clip*; aquesta finestra és fonamental perquè escrigues el teu patró de bateria. Observa (Figura 17) que aquesta finestra té un llapis. Si el selecciones, podràs dibuixar sons en la zona d'edició.

Figura 17.

Però, abans de començar a dibuixar-hi notes, has de comprendre el concepte que hi ha darrere d'aquesta finestra. Observa en la Figura 17 que només hi ha un compàs que està subdividit en quatre parts que, al seu torn, se subdivideixen en quatre parts més: són les 16 semicorxeres que té un compàs de 4/4. Per tant, per a crear el teu patró de bateria, has de saber prèviament en

SAPS QUE...

Quan estigues reproduint un fragment musical en *Soundation*, pots aturar-lo prement la barra d'espai del teclat de l'ordinador.

quines posicions cal col·locar les notes i quines notes cal utilitzar-hi. Les notes més habituals per a la bateria estan situades a partir de C3 (que és la nota *Do* 3 i es correspon amb un bombo). A partir d'ací, tu mateix pots anar comprovant quins sons van eixint, que seran la caixa, la palmada, el xarleston tancat, el xarleston obert, etc.

Perquè comences a familiaritzar-te amb aquesta opció de crear patrons tu mateix, observa la Figura 18. Veuràs que s'hi han escrit amb el llapis quatre colps de bombo en les semicorxeres 1, 5, 9 i 13.

Figura 18.

De la mateixa manera (Figura 19), als quatre colps de bombo de la figura anterior, s'hi han afegit dos colps de caixa (*Do#*) en les semicorxeres 5 i 13.

Figura 19.

SAPS QUE...

Pots «estirar» o allargar un patró MIDI, inclòs tot allò que hi hages escrit, passant el ratolí per damunt de la pista perquè es mostren els trianglets a la part dreta del patró. Perquè es copie la música, has d'estirar des del cantó superior dret, ja que el trianglet inferior allarga el patró, però no copia la música que hi hages dibuixat.

ACTIVITATS

11. Fes un patró de bateria MIDI tenint en compte que les notes que hi has de fer servir són C3 (Do), *Do#*, *Re*, *Re#* i *Mi*, és a dir, les cinc notes seguides que hi ha començant des del C3. Per a fer-ho, crea una pista MIDI, desplega l'opció *Simple* i tria *DrumMachine*. A continuació, fes doble clic en la pantalla per a crear una pista MIDI buida sobre la qual pugues escriure.

12. A continuació, dibuixa el nombre de colps que s'indiquen sobre cada una de les notes:

Do 3 (semicorxeres 1,5, 9 i 13); *Do#* (semicorxeres 5 i 13); *Re* (semicorxeres 5 i 13); *Re#* (semicorxeres 3, 7, 11 i 15); *Mi* (semicorxera 8). Reprodueix el resultat fet clic en la fletxa de la finestra *Edit Note Clip*.

2.6. Com podem enregistrar àudio en *Soundation*

Una opció molt interessant que pots incorporar a la teua composició és l'enregistrament d'àudio i aquest àudio podria ser la teua pròpia veu. *Soundation* permet enregistrar àudio de manera molt senzilla. Per a fer-ho, has de configurar-ne prèviament alguns aspectes. Així, la primera cosa que has de fer és seleccionar el micro del teu ordinador, al qual pots accedir fent clic en el menú *Settings* que hi ha a la part superior de *Soundation* (Figura 20).

Figura 20.

Una vegada hages fet clic en el menú *Settings*, has d'accedir a *Edit Settings* i eixirà una finestra en què has de deixar els valors que vénen per defecte. No obstant això, sí que has de configurar el micròfon fent clic en la pestanya *Recording Settings*, i es mostrarà una finestra com la següent (Figura 21).

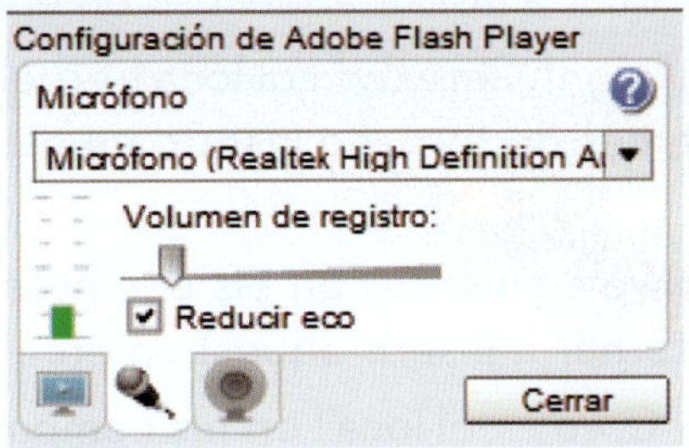

Figura 21.

Selecciona el teu micròfon i controla principalment el volum d'enregistrament o gravació. Fes-ho de la mateixa manera amb el volum de l'ordinador per a evitar qualsevol mena de distorsió.

RECORDA

El volum per a la configuració del micròfon no ha d'arribar mai a la franja de color taronja-roig, com pots veure en la imatge inferior (Figura 22).

Figura 22.

ACTIVITATS

13. **Configura el micròfon del teu ordinador i fes proves de so fins que veges que l'indicador de volum situat a l'esquerra de la pantalla es mou únicament dins de la gamma del color verd. Si veus el color roig en l'indicador mòbil del volum significa que el micròfon està distorsionant. Abaixa el volum fins que desaparega la gamma roja.**

14. **Fes el teu primer enregistrament d'àudio amb la teua veu creant una pista d'àudio i fent clic en el botó d'enregistrar de la barra de reproducció.**

2.7. Projecte final en *Soundation*

Per acabar el taller de seqüenciació i creació musical amb *Soundation*, et proposem la realització d'un cas pràctic. Per a fer aquest projecte, hauràs de repassar tot el que s'ha treballat fins ara en aquest material d'autoaprenentatge. La idea és que construïsques un fragment de cançó i experimentes el procés compositiu que fan molts músics per a construir les seues bases musicals. Aquest projecte té una sonoritat *house* típica de les pistes de ball i serà el teu primer acostament a la composició de música en línia.

RECURS WEB

En la web de recursos tens el projecte d'aquesta composició. Si vols veure com s'ha dut a terme, descarrega el fitxer anomenat *Projecte final Soundation.sng*. Una vegada descarregat, pots obrir-lo en *Soundation* des del menú *File*, fent clic en *Load.snf File*.

ACTIVITATS

15. Obri *Soundation* i crea: 7 pistes d'àudio i 1 pista MIDI. Per a les pistes d'àudio, insereix-hi els sons següents de la carpeta *Electronica*, subcarpeta 125:

- *125 BeatSuc.wav*: la pista ha de tenir una extensió de 33 compassos.
- *125 PercRevClick.wav*: la pista ha de tenir una extensió de 33 compassos.
- *125 BeatRider.wav*: col·loca'l en els compassos 5 a 20. Posteriorment, has de tornar a inserir aquest so en els compassos 25 a 33.
- *125 SynthDarnknight_Cm.wav*: col·loca'l en els compassos 5 a 20. Posteriorment, has de tornar a inserir aquest so en els compassos 25 a 33.
- *125 BassGrime.wav*: col·loca'l en els compassos 13 a 20. Posteriorment, has de tornar a inserir aquest so en els compassos 25 a 33.
- *125 BassCupid C.wav*: col·loca'l en els compassos 21 a 24. Abaixa'n una mica el volum amb la barra lliscant del canal.
- *125 BeatMinimine.wav*: col·loca'l en els compassos 21 a 33. Abaixa'n una mica el volum amb la barra lliscant del canal.
- *Dreamy_Bass_F.mid*: col·loca'l en els compassos 29 a 33.

16. Una vegada ja inserits tots els sons, torna a anomenar les pistes amb el nom de cada so.

17. Fes una fosa de so entre els compassos 32 i 33. Per a fer-ho, has de seleccionar totes les pistes i, una per una, accedir a *Automate* (en el canal de cada instrument). A continuació, has de fer clic en la línia horitzontal en el punt en què vulgues iniciar la baixada del volum. Per acabar, fes clic en el final de la línia horitzontal i arrossega amb el ratolí cap avall per a disminuir al màxim el volum de la pista.

Si has fet correctament l'activitat anterior i has aconseguit elaborar la teua primera composició amb *Soundation*, obri un altre projecte i crea la teua pròpia composició.

Apartat	Pista	Font
1.1. La música tradicional. **Activitat 1**	28	CD "La Barraca". *Les xiques d'este poble* (jota de quintos de Llanera). DL.: B-26395-01.
1.2. Els instruments i les agrupacions instrumentals. **Activitat 4**	29	• CD "Cercavila". Xirimiters de Castelló de la Ribera. *El madomot de València*. Enric Gironés. DL.: V-5741-2001. • CD "Sonadors de la Guaita". *Bolero de l'Alcúdia*. DL.: V-4873-2003. • CD "L'home insomne". Carles Dénia i La Nova Rimaire. *Fandango de Moixent*. DL.: V-2088-2015.
2. La música de banda. 2.1. Història i tradició. **Activitat 5**	30	CD "Passos dobles del País Valencià". *Pepita Greus*. Pasqual Pérez Choví. DL.: B-43433-1992. Banda Lira Castellonenca de Vilanova de Castelló (València). Direcció: Nicanor Sanz i Francisco Hernández.
2.2 Els instruments i la seva distribució. **Activitat 6**	31	• CD "Madrid Zarzuela". Preludi *La verbena de la Paloma*. Orquestra de RTVE. Direcció: Enrique García Asensio. DL.: M-43863-1991. • CD "Festival de Zarzuela". Preludi *La verbena de la Paloma*. Banda Simfònica Municipal de Madrid. Direcció: Enrique García Asensio. DL.: M-8912-1997.
3. La música festera. **Activitat 7**	32	• CD "Èxitos de JA BAIXEN". DL.: V-79-1993 – Marxa mora *Ximo*. Banda Unió Artística Musical d'Ontinyent. – Marxa cristiana *Ix el cristià*. Banda Unió Musical d'Alcoi. • CD "Passos dobles del País Valencià". Pasdoble *El fallero*. Banda Lira Castellonenca de Vilanova de Castelló (València). Direcció: Nicanor Sanz i Francisco Hernández.
4. Auditori: música tradicional valenciana.	33	CD "Retrobem la nostra música". Diputació de València, núm. 21. *Es xopà hasta la Moma*. Coral catedralícia (direcció: Luís Garrido) i Orquestra del Conservatori José Iturbi (direcció: Salvador Chulià).
5. Interpretem música de la Comunitat Valenciana.	34	CD "Retrobem la nostra música". Diputació de València, núm. 3. *Una nit d'albaes*. DL.: V-2353-1993 Societat Ateneu Musical de Cullera (direcció: Francisco Fort Fenollosa).